이 책에 쏟아진 찬사

"이 책은 전혀 다른 차원의 창조성으로 다시금 우리를 이끈다. 더 깊은 수준으로 세상의 소리에 귀 기울이는 능력이 그것이다. 평생 경청하는 법을 연구해온 나는 일찍이 이런 책은 없었다고 말하고 싶다. 이 책이 당신 인생을 바꾸는 선물이 되리라 믿는다."

_심리학자 게이 헨드릭스 Gay Hendricks

"줄리아 캐머런이 다시 해냈다. 창조성 분야의 전문가든 초보자든 누구나 이 책을 통해 자기 안에, 그리고 자기 주변 세상에 존재하는 영감의 원천을 찾게 될 것이다."

_작가 앰버 래 Amber Rae

"주의력 결핍의 시대에 '지금 여기에 존재하는 것'은 매우 강력한 힘이자 중요한 자세다. 줄리아 캐머런은 그 힘을 깨닫는 길이 '듣기'에 있다고 말한다. 그리고 전작의 도구들을 가져와 새로운 방법론을 펼친다."

_《포브스》

"줄리아 캐머런은 경청을 통해 창조성의 씨앗을 발견하는 단순하고도 분명한 방법을 알려준다."

_《퍼블리셔스위클리》

"이 책은 감각을 깨우고 침묵의 가치를 발견하는 등 전작보다 한층 더 내밀한 메시지와 방법론을 다루며 그 과정이 안겨주는 보상은 무한히 크다."

_〈보그〉

"줄리아 캐머런의 신작은 자기 자신과 주변 환경, 그리고 사람들에게 집중하고 귀 기울임으로써 창조적 변화를 이루어내는 6주간의 수업을 소개한다."

_〈필라델피아 인콰이어러〉

전작 《아티스트 웨이》를 향한 찬사

"줄리아 캐머런은 우리가 창조적 영혼과 공명할 방법을 개발해냈다!"

_〈뉴욕타임스〉

"《아티스트 웨이》가 없었다면 내 책 《먹고 기도하고 사랑하라》 또한 탄생하지 않았을 것이다."

_작가 엘리자베스 길버트

"창조적인 꿈을 늘 마음에 품고 있었다면, 글이나 그림으로 창조성을 표현하고 싶었다면, 이 책을 통해 바로 시작할 수 있다. 이 책이 알려주는 주의 집중의 방법들이 결국 예술가의 본질이다. 예술가는 주의를 집중하는 존재인 것이다."

_작가 앤 라모트 Anne Lamott

"이 책은 섬세하고 복잡한 주제를 다룬다. 독자가 자신의 창조성을 발견하게 만드는 귀중한 도구다."

"비슷한 주제의 책들이 받아온 비판에서 1991년 출간 이후 25년 넘게 벗어나 최고의 찬사를 받아온 책!"

《아티스트 웨이》는 팬데믹 발생 후 첫 반년 동안 판매량이 두 배로 늘었다. 앞으로도 힘든 순간을 마주하게 될 때마다 그 메시지는 큰 도움이 될 것이다."

아티스트 웨이, 마음의 소리를 듣는 시간

아티스트 웨이,
마음의 소리를 듣는 시간

세상의 모든 소리에
귀 기울여
나를 바꾸는 법

줄리아 캐머런 지음 · 이상원 옮김

The Artist's Way, Listening to Your Heart

비즈니스북스

옮긴이 | **이상원**

서울대학교 가정관리학과와 노어노문학과를 졸업하고 한국외국어대학교 통번역대학원에서 석사와 박사 학위를 받았다. 서울대 기초교육원 강의 교수로 글쓰기 강의를 하고 있으며, 《오늘부터 딱 1년, 이기적으로 살기로 했다》, 《적을 만들지 않는 대화법》, 《함부로 말하는 사람과 대화하는 법》, 《살아갈 날들을 위한 공부》 등 90여 권의 번역서를 출간했다.

아티스트 웨이, 마음의 소리를 듣는 시간

1판 1쇄 발행 2022년 4월 19일
1판 11쇄 발행 2024년 11월 28일

지은이 | 줄리아 캐머런
옮긴이 | 이상원
발행인 | 홍영태
편집인 | 김미란
발행처 | (주)비즈니스북스
등 록 | 제2000-000225호(2000년 2월 28일)
주 소 | 03991 서울시 마포구 월드컵북로6길 3 이노베이스빌딩 7층
전 화 | (02)338-9449
팩 스 | (02)338-6543
대표메일 | bb@businessbooks.co.kr
홈페이지 | http://www.businessbooks.co.kr
블로그 | http://blog.naver.com/biz_books
페이스북 | thebizbooks
ISBN 979-11-6254-276-7 03190

내 꿈에 귀 기울여준 조엘 포티노스에게
이 책을 바칩니다.

세상의 소리를
다정하게 들어보기로 했다

샌타페이의 7월, 저녁 일곱 시가 다 되었지만 하늘은 여전히 밝고
푸르다. 나는 나무와 꽃에 둘러싸인 벤치에 앉아 있다. 근처 나무
에서 새들이 쩍쩍거린다. 나뭇잎이 무성해서 보이진 않지만 마치
새들이 함께 벤치에 앉아 있는 듯 쩍쩍거리는 소리가 가깝게 들린
다. 멀리서 까마귀도 깍깍댄다. 혹시 이쪽의 새들과 대화를 나누는
것일까? 아니면 상관없는 소리일까? 더 멀리서는 개가 짖는다. 가
벼운 바람이 벤치 옆 키 큰 자줏빛 꽃을 흔든다. 앞뒤로 흔들리는
꽃들이 부딪쳐 사각거린다. 지나가는 차 한 대에서는 엔진 소리보
다 자갈을 짓밟고 굴러가는 무거운 바퀴 소리가 더 크게 난다. 멀
리 있는 큰 도로에서 차가 경적을 울린다. 새 한 마리가 하늘로 날

아울러 날개를 퍼덕거리며 멀리 사라진다. 근처 새들의 쩍쩍거림이 조금 띄엄띄엄 들려온다. 아까는 모두가 한꺼번에 떠들었다면 지금은 한 마리씩 순서대로 말하는 듯하다. 새들이 서로의 말을 번갈아 듣고 있는 걸까?

집중해서 들으면 달라지는 것들

듣는다는 건 무엇일까? 우리 일상에서 듣기는 무엇을 의미할까? 새들의 지저귐이든, 도시의 소음이든 우리는 우리 주변에서 들려오는 소리를 듣고 있는가? 아니면 귀를 닫고 있는가? 우리는 다른 사람의 말을 잘 듣는가? 혹시 더 잘 들었으면 하고 바라는가? 반대로, 다른 사람들은 우리에게 귀를 기울이는가? 혹시 그러지 않아 아쉬운가?

만일 인생에서 혹은 매일의 일상에서 어디로 가야 할지 알려줄 직관이나 예감을 찾고 있다면 답은 듣는 것에 있다. 귀를 기울이고 잘 들을 때 우리는 매일 주변의 수많은 신호와 단서에 집중할 수 있다. 그러니 멈춰 서서 듣는 시간을 가져야 한다. 그렇게 집중하는 순간, 특히 시간에 쫓긴다고 느낄수록 잠시 멈추고 집중할 때 시간을 빼앗기기보다 오히려 선물받는다.

듣기는 우리가 매일 하는 일이지만 지금보다 더 많이 할 수 있는 일이기도 하다. 더 많이, 더 잘 듣는다면 어떤 삶이든 더 나아질 수 있다. 의식적 듣기는 어려운 일이 아니다. 오히려 쉽게 주변 환경과 친구들, 우리 마음의 소리를 더 잘 듣는 사람이 되도록 해주는 길이다.

이 책은 독자들이 더 주의 깊게, 더 풍부하게 들을 수 있도록 돕는 지침서가 될 것이다. 무언가를 들을 때 우리는 집중하며 집중은 항상 치유라는 선물을 안겨준다. 듣는 것은 통찰, 명료함, 즐거움을 선사하며 시선보다 더 멀리 내다보게 해준다. 그리고 우리를 서로 연결해준다.

내 안과 밖의 소리를 찾아 떠나는 여행

이제 6주 동안 한 주에 한 단계씩 듣는 영역을 확장하는 수업을 시작할 것이다. 매 단계를 충분히 연습하면 다음 단계를 시도하는 것이 어렵지 않다. 의식적으로 노력하면 듣는 능력이 금방 향상되고 수준이 높아질 수 있다. 깊이 있게 듣는 데 시간이 더 많이 걸리지는 않는다. 문제는 집중하는 것이다. 이 책은 당신이 삶 속에서 더 깊이 듣도록 안내할 것이다. 하루 일정이 꽉 차 있든 비어 있든, 사는 곳이 시골이든 도시든 상관없이 말이다.

우리는 모두 듣는다. 그리고 정말 다양한 방법으로 듣는다. 주변의 소리를 들을 때 과거에는 습관적으로 차단했던 소리를 주의 깊게 듣고 받아들이면 예기치 못한 기쁨을 맛볼 수 있다. 나무 위 새들에 매혹되고, 부엌 시계의 째깍거림에서 규칙성과 안정감을 느끼기도 한다. 개 목걸이가 물통에 쨍그랑 부딪히는 소리는 결연한 삶의 의지마저 떠올리게 한다.

물론 다른 사람의 소리도 들을 수 있다. 그런데 단순히 듣는 데 그치지 말고 더 집중해서 듣는 법을 배워보자. 사람들이 하는 말을 정말로 잘 듣다 보면 자기도 모르게 그 통찰력에 감탄할 때가 있다. 여기서 중요한 건 끼어들지 말고 기다리는 것이다. 상대가 서둘러 말을 마치게 하지 말고, 자기 생각을 충분히 펼치도록 기다리면 상대가 전하고자 하는 내용이 우리의 생각과 전혀 다른 것이었음을 알게 된다. 우리가 서로에게 줄 것이 얼마나 많은지 깨닫는 순간이다. 그리고 기회만 주어진다면 상대가 애초의 기대보다 훨씬 많은 것, 훨씬 다른 것을 준다는 사실을 깨닫는다. 그저 듣기만 해도 이 모든 걸 알 수 있다.

때론 더 높은 자아의 소리도 들린다. 내면 깊은 곳에서 나오는 소리를 들으면 모든 것이 분명해진다. 따라서 참신하고 빼어난 무언가를 생각하려고 애쓸 필요가 없다. 그저 내 안에서 들려오는 소리를 들으며 깨달음을 얻으면 된다. 아주 약간만 노력해도 들을 수 있다. 목표는 더 정확히 듣는 것이다. 더 높은 자아의 목소리는 고요하게 들리지만 명확하며 단순하다. 이 목소리가 들릴 때마다 우리는 단순해 보이는 생각들이 결국 아이디어가 된다는 것을 알게 된다. 또한 어떻게 나아가야 할지 길을 알려주는 예감이자 직관이 된다는 것을 알게 된다.

더 높은 자아에 귀 기울이는 연습을 하다 보면 그보다 더 깊은 곳에서 들리는 소리도 들을 수 있다. 예를 들면 지금은 우리 곁을 떠난 사랑하는 이들의 소리도 들을 수 있다. 그들과 계속 연결되는 방법 그리고 더 쉽게, 더 많은 사람과 연결되는 능력을 얻는다. 나아가 평소 존경하고 닮고 싶은 영웅들, 만나고 싶었으나 만날 수 없었던 이들의 소리를 듣는 법도 배운다. 마지막으로 우리는 듣는 연습을 통해 고요한 침묵까지도 들을 수 있게 된다. 침묵은 가장 높은 차원의 대화다.

이렇게 듣는 연습은 한 번에 한 단계씩 진행된다. 우리는 자신과 우리의 세계, 사랑하는 사람들 그리고 지금 이곳 너머와 더 긴밀하게 연결되는 놀라운 능력을 갖게 될 것이다. 이제 들려오는 모든 소리에 귀를 기울여보자.

나를 위한 6주간의 듣기 수업

나는 30년 동안 창조성의 장벽을 깨는 워크숍을 진행해왔다. 수강생들이 저마다 장벽을 깨고 책 출간, 희곡 집필, 화랑 오픈, 집 꾸미기 등 다양한 모습으로 창조성을 꽃피우는 모습을 지켜봤다. 그리고 창조적 삶을 넘어 한층 극적으로 변화하는 모습도 보았다. 인간관계가 치유되고 개선되었으며, 끝나야 할 관계는 원만히 끝나기도 했다. 사람들은 열린 마음으로 생산적이고 건강한 협력 관계를 이루었다. 자신에게 솔직할수록 남들에게도 솔직해졌다. 자신에게 친절할수록 남들에게도 친절해졌다. 스스로 용기를 낼수록 남들도 용기를 내도록 격려하게 되었다.

나는 이런 변화가 자기 자신과 남들의 소리에 귀 기울인 덕분이라고 믿는다. 이 책에서 소개할 방법은 창조성을 일깨우고 나와 타인, 세상을 연결시키는 능력, 즉 듣는 능력을 기르도록 해준다. 필요한 기본 도구는 '모닝 페이지', '아티스트 데이트', '걷기'다. 세 가지 모두 듣기를 바탕으로 한다. 그리고 각각 특별한 방법으로 듣는 기술을 개발한다. 모닝 페이지는 우리가 매일 아침 우리 자신에게 귀를 기울이도록, 그래서 자기 경험의 증인이 되고 더 잘 듣는 하루를 열도록 한다. 아티스트 데이트는 모험을 갈망하고 흥미로운 아이디어로 가득한 내 안의 어린아이에게 귀를 기울이는 것이다. 걷기는 주변 환경의 소리를 듣는 것은 물론 이를 통해 내 안의 더 높은 자아 혹은 더 높은 힘을 인식하는 것이다. 나와 수강생들은 혼자 걷는 일이 종종 예상치 못한 발견을 끌어낸다는 것을 경험했다.

나는 지금까지 책을 40권 이상 냈다. 어떻게 그게 가능했냐고 누군가 물으면 나는 '들었기' 때문이라고 답한다. 내가 할 말이 많은 사람이라고 생각하는 이도 있지만 그렇지는 않다. 내가 글을 쓰는 과정을 최대한 정확하게 묘사해보면 나는 들은 것을 쓴다. 글쓰기는 사실 능동적 듣기의 일종이다. 듣기를 통해 무엇을 써야 할지 알 수 있다. 그러니 쓰기는 기껏해야 받아쓰기인 셈이다. 우리 내면의 목소리, 귀 기울이면 말하는 목소리가 이미 존재한다. 고요하지만 분명하게 우리를 인도하는 이 목소리는 단어들을 이어가며 생각의 흐름을 명료히 펼쳐낸다.

의식적 듣기에 집중함으로써 우리는 잘 듣는 법에 대해 알게 된다. 이 방법의 시작은 '들리는 것'이다. 귀를 기울이면 자연스럽게 들리기 시작한다. 드러나는 진실에 귀를 기울이면서 우리는 자기 자신에게 점점 진실해진다. 솔직함이 현실이 된다. 자기 영혼을 엿보게 된다. "너 자신에게 진실하라." 셰익스피어는 이렇게 조언했다. 자신에게 진실할 때 남들에게도 더 진실하게 대하게 된다. 듣기는 우리를 이렇게 연결해준다. 듣기는 우리를 함께 묶어준다. 우리의 주변과 이웃, 우리 자신을 만나 기쁨을 경험하게 한다.

솔직함이 바탕이 되기에 잘 듣는다는 건 내면 깊은 곳, 신성할 정도로 진실한 나의 중심에 가닿는 것이다. 그래서 진심으로 더 잘 들으려 노력할수록 더 솔직해진다. 한 번에 한 걸음씩, 우리는 솔직함을 향해 스스로 연습하고 시간이 흐르면서 점점 더 자연스러워진다.

내 안의 창조성을 깨우고 나에게 솔직해질 수 있는 순간을 경험하게 하는 듣기 습관은 만들고 연습해야만 한다. 시작은 단순하다. 내가 했듯이 당신도 그저 시작만 하면 된다.

차
례

WEEK 0

듣기 습관을 위한 세 가지 도구

WEEK 3

머리의 소리보다 마음의 소리를 먼저 듣는 법

WEEK 4

소중한 사람들의 말을 경청하는 법

WEEK
5

마음속 영웅에게 지혜를 구하는 법

WEEK
6

고요함에 귀를 기울이는 법

WEEK 0

듣기 습관을 위한
세 가지 도구

집중하여 듣는 것과 그냥 들리는 것 사이에는
커다란 차이가 있다.

_ 길버트 키스 체스터튼

나는 매일 모닝 페이지로 하루를 시작한다. 일어나자마자 기지개를 켜거나 스트레칭을 하듯 나의 마음과 정신을 깨우고 집중하는 시간을 갖는 것이다. 그렇다면 모닝 페이지는 무엇이고 어떻게 하는 것인지 살펴보자.

1. 내 마음에 귀 기울이기, '모닝 페이지'

모닝 페이지는 매일 잠에서 깨자마자 의식의 흐름을 종이 세 장에 기록하는 것이다. 나를 포함해 많은 이가 수십 년 동안 모닝 페이지를 쓰면서 이것이 최고의 듣기 방법임을 알게 되었다. 무엇을 써도 좋다. '고양이 배변패드 사는 걸 잊어버렸다.' '언니한테 전화해야 했는데 깜박했다.' '차 안에서 이상한 소리가 나고 있다.' '제프가 내 사업 구상으로 대출받은 것이 정말 싫다.' '난 지쳤고 잔뜩 짜증이 났다.' 잘못된 방향은 없다. 아주 사소한 것부터 심오한 것까지 다채로운 내용이 나올 수 있다.

모닝 페이지는 의식의 구석구석을 쓸어주는 작은 먼지 솔과 같다. 내가 좋아하는 것, 내가 좋아하지 않는 것, 내가 원하는 것, 내가 별로 원하지 않는 것 등을 상세하게 알려준다. 그리고 모닝 페이지는 내밀하다. 우리가 정말로 어떻게 느끼는지 보여준다. 예를 들면 '괜찮다'라는 말이 무슨 뜻인지 생각하게 한다. '괜찮다'라는 건 '썩 좋지는 않다'라는 걸까, 아니면 '좋다'라는 걸까?

모닝 페이지는 오로지 나 혼자 읽기 위해 쓰는 것이다. 개인을 위한 기록일 뿐 그 누구에게도 보여줄 글이 아니다. 모닝 페이지는 컴퓨터가 아닌 손 글씨로 쓴다. 손 글씨는 수공예의 삶으로 우리를 인도한다. 컴퓨터로 쓰면 속도가 빠르겠지만 모닝 페이지가 추구하는 것은 속도가 아니다. 깊이와 개성을 추구한다. 내가 무엇을 어떻게 왜 느끼는지 정확히 기록하고자 한다.

한편 모닝 페이지는 막연한 부정적인 감정을 해부한다. 내가 정말로 생각하는 것이 무엇인지 알게 되고, 놀라기도 한다. 어느 날은 "이 일을 그만두어야겠어."라는 중얼거림이 나올 수도 있다. 혹은 "내 연애에는 떨림이 더 필요해."라고 말할지도 모른다. 이렇게 모닝 페이지를 통해 우리는 행동으로 나아간다. 예전에는 좋아 보이던 것이 더 이상 그렇지 않고 자신이 더 나은 것을 누릴 자격이 있다고 확신하게 된다. 그리고 앞으로 나아가는 걸 가로막았던 나태함, 이미 마음이 떠난 것에 여전히 머무르려는 경향이 자신에게 있었음을 알게 된다.

모닝 페이지는 명상의 한 형태다. 의식 속을 오가는 '생각 구름'을 기록하기 때문이다. 하지만 우리를 행동으로 이끈다는 면에서 다른 명상과 차이가 난다. 걱정을 날려버리는 데 그치는 명상이 아닌 것이다. 우리는 걱정을 기록하고 그 과정에서 '이걸 어떻게 해야 할 것인가?'라는 질문과 정면으로 마주한다.

모닝 페이지는 우리를 행동하게 만들고 위험을 감수하게 한다. 모닝 페이지가 제안한 행동을 보고 처음에는 '저건 할 수 없어!'라고 생각할 수도 있다. 하지만 모닝 페이지는 끈질기게 설득한다. 또 다시 그 행동을 제안하면 '시도는 해볼 수 있을 것 같아'라고 생각하기 시작한다. 그러다 다시 한번 나오면 '해봐야겠어'라고 마음을 먹는다. 그리고 실제로 시도해서 많은 경우 성공한다. '해낼 줄 알았어!' 모닝 페이지를 쓰고 난 후 이렇게 탄성을 지를지도 모른다.

모닝 페이지는 일상의 동반자다. 우리 곁에서 우리의 삶을 지켜보고 있다. 혼란스러운 순간 어느새 모닝 페이지를 하고 있는 자신을 발견할 것이다. 복잡한 생각을 정리하도록 도와주기 때문이다. '이 관계를 끊어야 할 것 같아'라고 쓰고는 다음 순간 '그보다는 대화를 시도하는 게 나을지도 몰라'라고 쓸 수 있다. 그리고 실제로 대화를 시도하고선 결과에 만족할 수도 있다.

모닝 페이지는 지혜롭다. 우리가 내면의 지혜를 만나도록 해준다. 인생에서 만나는 수많은 문제에 답을 주는 내면의 존재와 만나는 것이다. 그러다 보면 직관력이 강화된다. 늘 괴로웠던 상황에 뜻밖의 해결책이 등장한다. 어떤 이들은 이럴 때 신 God을 언급하기도 한다. 우리 스스로 하지 못하는 일을 신이 나서서 해준다는 것이다. 그렇게 도움을 주는 존재를 신이라 부르든, 모닝 페이지라 하든 우리는 돌파구와 마주하게 된다. 삶이 더 순조롭게 흘러가기 시작한다. 그리고 더욱 그 존재를 믿게 된다.

진실된 감정에 귀를 기울이게 해주는 습관

"지금도 모닝 페이지를 하나요?"

20년 전 함께 교육을 진행했던 동료에게 내가 물었다.

"문제나 고민이 생겼을 때 늘 쓰죠."

"매일 쓴다면 아마 문제에 봉착하지 않을 거예요."

나는 잔소리로 들릴 거라는 생각을 하면서도 그렇게 말했다. 하지만 40년 동안의 경험을 통해 이것만큼은 분명히 말할 수 있다. '모닝 페이지는 어려움을 막아준다.' 어려움이 다가오고 있을 때 미리 경고해준다. 모닝 페이지는 거리낌이 없다. 즐겁지 않은 화제도 가차 없이 끄집어낸다. 연인이 점점 멀어지고 있을 때 모닝 페이지는 그 불편한 상황을 언급한다. 덕분에 하기 힘든 대화가 시작된다. 기꺼이 위험을 감수한 덕분에 관계가 회복될 수도 있다.

모닝 페이지는 멘토의 역할도 한다. 우리가 필요한 방향으로 성장하도록 돕는다. 나는 이를 '마음의 물리치료'라고 부른다. 남의 일에 참견하기 좋아하는 사람이라면 모닝 페이지를 통해 나서지 않고 참는 법을 배운다. 소심한 사람이라면 소리 내서 말하기 시작한다. 언제나 필요한 방향으로 개선이 이루어진다. 모닝 페이지는 통찰력과 적응력을 기르게 해준다는 면에서 무엇보다 탁월하다.

속일 생각은 아예 접는 편이 좋다. 모닝 페이지는 덮어주는 법이 없는 친구다. 내심 피하고 있는 문제가 있다면 모닝 페이지가 콕 집어낸다. 언젠가 나는 이런 편지도 받은 적이 있다. '식당에서 술을 실컷 마시고 정말 완벽하게 행복한 기분이었는데 모닝 페이지를 시작하자마자 금방 제정신이 들더군요.' 취한 상태, 과체중, 과도한 중독 같은 삶의 문제를 모닝 페이지는 다 건드린다. 제대로 된 방향을 가리키는데도 당신이 끝내 움직이지 않으면 그쪽으로 확 밀어버린다. 모닝 페이지를 입 다물게 하는 방법은 제시된 방향으로 당신이 행동하는 것뿐이다.

캐나다에 사는 한 여성은 '지금까지 한 번도 일기를 쓰거나 삶을 기록한 적이 없었지만 모닝 페이지는 하게 되네요'라고 소식을 전했다. 그렇게 습관을 들인 후 몇 주 만에 성과를 보았다고 했다. 보통 일기가 특정 주제를 중심으로 한다면(예를 들면 '오늘 일하면서 느낀 생각을 다 쓰겠어'처럼) 모닝 페이지는 자유롭다. 느끼는 대로 뭐든지 담을 수 있다. 이 주제에서 저 주제로 자유롭게 넘어 다닌다. 문장 하나는 여기에, 다른 하나는 저기에 쓸 수 있다. 그 캐나다 여성은 모닝 페이지를 통해 온갖 방향을 다 들쑤시다 결국 깨달음을 얻게 되었다고 했다.

모닝 페이지는 심오할 수도, 유치할 수도 있다. 많은 경우 둘 다이다. 우리를 괴롭히는 것은 '사소한 무언가'이지만 쓰다 보면 숨은 빙산이 드러나기도 한다. 그 문제에 대해 어떻게 느끼는지가 중요하다. 처음에 우리는 '나는 그렇다고 느낀다'라고 쓰지만 다음번에는 '정말 그렇게 느낀다'라고 쓴다. 한 겹 한 겹 드러날수록 나 자신과 친해진다. 숨은 나를 발견하고 그 발견에 놀란다.

이런 자기 발견은 짜릿하다. 그래서 모닝 페이지는 중독성이 있다. 모닝 페이지로 하는 듣는 연습은 절대 지루하지 않다. '내 삶은 지루하다'라고 생각하던 사람이라도 그 삶이 얼마나 흥미진진한지 알게 된다. 이미 알 만큼 안다고 생각했던 인생에 몰랐던 풍성한 발견을 경험한다. 모닝 페이지에 새로운 자기 발견과 함께 '내가 그렇게 느끼는지 몰랐다'라는 문장이 단골처럼 등장한다.

"몇 년 동안 심리치료 받은 것보다 겨우 몇 주 동안 모닝 페이지를 쓰며 더 많이 배웠어요." 한 남성 체험자의 말이다. 이는 모닝 페이지가 '무방비의 자신'을 드러내기에 가능한 일이다. 융 심리학에 따르면 잠에서 깰 즈음부터 자기방어가 작동하기까지 45분 정도의 시간이 있다고 한다. 방어가 해제된 자신을 붙잡고 대화하면 진실을 말할 수 있게 되고 그 진실은 자아가 해석한 상황과 전혀 다를 수 있다. 진짜 감정에 귀를 기울이고 기록함으로써 우리는 솔직함을 습관화한다. '난 괜찮아'를 깨고 전혀 괜찮지 않다는 느낌을 드러낸다. 진짜 감정을 발견하면서 진짜 자신도 되찾는다. 그리고 그 진짜 자신은 아주 멋지다.

"나 자신과 사랑에 빠졌어요!"라는 탄성도 자주 나온다. 그렇다. 모닝 페이지는 나 자신을 사랑하게 만든다. 떠오르는 모든 생각을 받아들이기 때문에 자기수용이 극한의 수준까지 도달한다. 심지어 이 생각 저 생각에 귀를 기울이다 보면 다음은 무엇일지 설레면서 기다리게 된다. 새로운 생각 하나하나가 자신의 또 다른 한 겹을 열어준다. 한 겹이 열릴 때마다 자신에 대한 사랑이 깊어진다.

모닝 페이지는 그 어떤 생각도 거부하지 않기 때문에 우리는 자신의 모든 부분을 환영하도록 배운다. 이런 태도가 진정으로 듣는 방법이다. 한 번에 한 단어, 한 번에 하나의 생각을 통해 우리는 자기 생각과 통찰을 받아들인다. 어떤 생각도 쓸데없는 것으로 치부하지 않는다. '짜증 나'는 '신나'와 똑같이 중요하다. 어두운 생각과 밝은 생각이 똑같이 가치 있다. 우리는 모든 기분을 기꺼이 받아들인다.

듣는 일은 연습이 필요하다. 한 생각 그리고 다음 생각의 소리는 계속 조심스럽고 작게 들린다. 일단 들리는 소리가 그저 상상일 뿐이라는 생각부터 버려야 한다. 그 목소리는 진짜이며 그 무엇보다 진실하다. 재확인을 시도한다면 '의심하지 마'라는 말이 들릴 것이다. 그렇게 계속 귀를 기울이다 보면 결국 그 목소리를 신뢰하게 된다. 모닝 페이지는 믿을 만하다. 처음에는 도무지 믿기지 않더라도 시간이 흐르다 보면 믿을 만한 것이 된다.

쓰는 대로 이루어진다

모닝 페이지는 전조등을 켜고 운전하는 것과 같다. 앞쪽을 더 멀리, 더 분명하게 볼 수 있기 때문이다. 장애물이 명확히 드러나고 어려움을 피해 가는 법을 배우게 된다. 또한 장애물 못지않게 기회를 포착하는 능력도 커진다. 모닝 페이지가 보내는 단서를 붙잡을 수 있다면 행운도 더 자주 찾아온다.

'초능력 같은 건 믿어본 적이 없어요.' 최근에 받은 편지의 내용이다. '하지만 이제는 중요한 일이 일어나고 있다는 생각이 들어요. 모닝 페이지에는 묘한 힘이 있어요.' 이 묘한 힘은 즉각적으로 발현된다. 무언가를 쓰면 그 무언가가 실제 삶에서 나타나는 것이다. 바람이 현실이 되고 쓸수록 이루어진다는 생각이 의식의 지침이 된다. 모닝 페이지를 쓰면서 우리는 더 솔직해진다. 진정으로 바라는 바를 쓰게 되고 그대로 실현되는 걸 발견한다.

'전 바라는 대로 이루어진다고 절대 믿지 않았어요.' 어느 회의론자가 보낸 글이다. '하지만 이제 믿게 되었죠.' 나 역시 그렇다. 나는 영화를 제작하고 싶은 간절한 마음을 모닝 페이지에 쓴 적이 있다. 그리고 이틀 후 저녁 모임에서 우연히 영화제작자 옆자리에 앉게 되었다. 그는 영화 제작을 가르치기도 하는 사람이었다. 내 꿈을 털어놓았더니 그가 "교육 프로그램에 한 자리가 남아 있어요. 원하면 참여하시죠."라고 말했다. 당연히 원하고말고! 다음 날 모닝 페이지에는 감사의 마음을 적었다.

모닝 페이지의 내용은 무엇이든 가능하지만 감사는 특히 좋은 소재다. 감사할 거리를 찾다 보면 더 많은 감사가 생겨난다. 쓸거리가 없어 고민이라면 감사한 일을 찾아 끄집어내보자. 술을 하루 마시지 않았다면 취기 없이 멀쩡한 상태에 감사할 수 있다. 열심히 운동하는 사람은 건강한 몸에 감사할 수 있다. 어떤 삶이든 감사할 일은 있다. 귀를 기울여보면 감사할 일이 수없이 많다. 긍정적인 면에 초점을 맞추면 낙관론이 생겨난다. 낙관론은 잘 듣는 연습이 가장 먼저 선사하는 선물이다.

쓸거리가 없다는 말이 튀어나온다면 부정적인 것을 긍정적인 것으로 바꿔 생각해보자. 아주 기본적인 것도 좋다. 살아 있어서 감사하고, 숨 쉴 수 있어서 감사하다. 모든 삶은 기적이므로 이를 인식하면 삶 자체가 축복할 일이 된다.

'너희는 가만히 있어 내가 하나님 됨을 알지어다.' 성경의 한 구절이다. 듣기를 연습하면서 우리는 자애로운 어떤 존재가 있음을 느끼게 된다. 우리는 더 이상 혼자가 아니며 우주와 연결되어 상호작용한다. 최근에 나는 "내 기도의 응답이 뭐냐고? 내가 어디 있는지 아는 신이 내 소리를 들어주는 거지."라는 말로 이를 표현했다. '들어주는 신'은 오만한 말이 아니다. 모닝 페이지는 나를 위한 실천이다. 쓰면서 우리의 세계관은 바로잡히고 세상은 적대적인 곳에서 자애로운 곳으로 바뀐다. 귀를 기울이면서 우리는 더 나은 삶으로 나아간다.

작은 습관이 큰 변화를 불러온다

모닝 페이지는 쉽게 습관이 된다. 과학자들은 새로운 습관을 만드는 데 90일이 걸린다고 하지만 모닝 페이지가 습관화되는 것은 그보다 훨씬 빠르다. 내가 관찰한 바로는 2~3주면 된다. 아주 짧은 시간을 투자해 커다란 결과를 낼 수 있다. 모닝 페이지 습관은 우리가 내면에 귀 기울이도록 이끌며 이로써 우리는 가야 할 길을 안내받고 동시에 내 마음을 보호받는다.

내 동료 마크 브라이언은 모닝 페이지 습관을 나사의 우주선 발사에 비유한다. 모닝 페이지를 발사하는 것은 언뜻 아주 작은 변화 같다. 일상의 궤도를 아주 살짝 조정할 뿐이다. 하지만 시간이 흐르면서 그 사소한 조정이 금성으로 갈지, 화성으로 갈지를 가른다. 작은 각도 변화가 거대한 차이를 낳는 것이다.

최근 책 사인회 행사가 있었다. 내가 낭독을 끝내자 한 남성이 다가와 말했다.

"감사하다는 인사를 전하고 싶습니다. 지난 25년 동안 모닝 페이지를 이어왔거든요. 딱 하루, 수술 네 개를 한꺼번에 받았던 날만 빼놓고요."

일찍부터 출장을 떠나는 날에는 나도 모닝 페이지를 건너뛴다. 목적지에 도착한 후 '저녁 글쓰기'를 하긴 하지만 모닝 페이지와는 다르다. 밤에 쓰는 글은 이미 지나간 하루를 돌이켜보는 것이어서 변화의 힘이 없다. 반면 모닝 페이지는 하루의 경로를 결정한다. 저녁 글쓰기에서 하루는 성공이나 실패로 기록된다. 그 하루의 수많은 선택 가능성, 더 생산적으로 살 수 있었을 기회를 되새길 뿐이다. 그리하여 하루를 낭비했다고 여기게 된다.

이와 다르게 모닝 페이지는 시간을 벌어준다. 시작되는 하루를 가장 훌륭하게, 가장 생산적으로 보내게 해준다. 한 여성은 이렇게 말했다. "모닝 페이지가 시간을 만들어주더군요. 시간을 빼앗는 것처럼 보이지만 실은 정반대예요." 나도 이 역설을 잘 알고 있다. 매일 아침 45분을 글쓰기에 쓰지만 이후에는 낭비되는 시간 없이 하루를 보내게 된다. 내가 정한 우선순위에 따라 시간을 쓴다. 온전히 내 시간을 보내는 것이다.

모닝 페이지를 하게 되면 더 효율적으로 하루를 보낼 수 있다. 다음에 뭘 하지 생각하면서 보내는 '정신적 담배 한 개비 시간'이 사라진다. 모닝 페이지가 일상에 자리를 잡고 나면 한 활동에서 다른 활동으로 매끄럽게 이어진다. 뭔가를 해야겠다고 생각이 들면 미룰 필요 없이 바로 하기 때문이다. 시간을 붙잡고 자신에게 가장 유용하게 사용하는 것이다.

나는 모닝 페이지가 타인에게 의존적인 삶에서 벗어나는 혁신적 방법이라고 말하곤 한다. 남이 아닌 자신의 원칙에 따라 시간을 쓰게 되기 때문이다. 남들을 즐겁게 해주기 위해 우리가 바치는 시간과 노력은 정말 어마어마하다. 그 에너지를 내 쪽으로 돌리면 갑자기 내 것이 된 크나큰 힘에 놀랄 것이다. 많은 사람이 자기 삶을 남을 위한 배터리로 써버린다. 남들의 꿈을 이루어주기 위해 내 꿈을 제쳐두기도 한다. 하지만 모닝 페이지가 습관화되면 나의 꿈이 손 닿을 만큼 가까워진다. 모닝 페이지가 안내하는 작은 단계들을 차근차근 밟아나가면 꿈은 어느새 현실이 된다.

"몇 년 동안이나 쓰고 싶다는 생각만 할 뿐 실천하지 못했어요. 결국 모닝 페이지를 시작했죠. 자, 그리고 탄생한 제 소설이에요. 재미있게 읽어주시면 좋겠어요."

이 말과 함께 나는 책 선물을 받았다.

나는 사람을 가르치는 일이 정원을 방문하는 것과 같다고 생각한다. 책, 그림, CD, 보석 등 선물이 쏟아진다. 내가 가르쳐준 방법을 자신의 삶에 적용한 이들이 꽃피워낸 창조의 산물이다. 한 배우는 "장편영화를 감독했어요."라고 신이 나서 말해주었다. "모닝 페이지에 썼던 일이죠." 꿈이 이루어졌다는 걸 알게 된 나도 함께 짜릿한 기분이 되었다.

모닝 페이지는 내 가능성을 보여준다

모닝 페이지를 통해 우리는 과감하게 꿈에 귀를 기울인다. 지금껏 말하지 못했던 것을 말한다. 성공한 배우는 감독을, 광고 카피라이터는 소설 집필을 꿈꾼다. 거대해 보이기만 했던 꿈이 모닝 페이지를 거치면서 갑자기 실현 가능해진다. 우리는 과감해져도 좋다는 격려를 받고 실제로 과감해지며 예상했던 것보다 더 과감해지기도 한다. 그리고 우리는 '딱 적당하게' 커진다. 너무 크지도, 너무 작지도 않게 말이다. 괜히 튀어 보일까 두려워하며 움츠리지 않고 활짝 펼쳐진다. 넬슨 만델라의 표현을 빌리면 '지금까지의 두려움은 실상 우리 자신이 너무 큰 존재일지 모른다는 것'이다.

 '이랬으면 좋겠어'가 '이럴 수 있다고 생각해'로 바뀌는 순간이 있다. 우리는 얼마든지 커질 수 있다고 생각하는 동화책 속 꼬마 기관차처럼 변한다. 크기를 바꿔가다 보면 가까운 이들 중에 작은 크기의 모습을 편안해하는 이들의 반대에 부딪힐 수도 있다. 하지만 시간이 흐르면서 그들도 적응해간다. 모닝 페이지는 전염력이 있다. 우리가 변해가는 모습을 보면서 가깝고 친밀한 이들이 모닝 페이지에 함께할 수도 있다.

 연기를 가르치는 경험 많은 교육자는 학생들에게 성공적인 연기의 핵심은 잘 듣는 것이라고 말한다. 모닝 페이지는 바로 그 듣는 연습에 가장 좋은 도구라며 그는 이렇게 말했다. "우리의 목표는 통로가 되는 것입니다. 에너지는 우리를 통과해 움직입니다."

 모닝 페이지를 실천하면서 우리는 창조적인 주의 집중 기법을 배운다. 다음번의 옳은 생각이 던지는 단서를 붙잡는다. 우리를 통과하고 싶어 하는 단어들이 들리고, 에너지가 지나가는 통로가 되는 자신을 발견한다.

시인 딜런 토머스Dylan Thomas는 '초록빛 관을 통과해 꽃을 피우는 힘'에 대해 썼다. 그가 말하는 창조적인 힘은 모닝 페이지로 경험하는 바로 그 힘이다. 내면의 귀가 받아들일 준비가 되면 우리는 미약한 신호도 포착할 수 있다. 그리고 이를 받아들이면서 마음의 길이 기록되기 시작한다. 단어와 단어가 이어지며 내가 알아야 할 것, 해야 할 일이 드러난다. 내면의 감시자에게 '걱정해줘서 고마워'라는 인사를 건네고 그대로 무시하는 법도 배운다.

내면의 감시자를 피하는 방법은 다른 곳에서도 유용하다. 어떤 예술 형태에서든 내면의 감시자를 만나 물러서는 일이 생긴다. 그럴 때 '걱정해줘서 고마워'라는 인사를 던지면 완벽주의가 깨진다. 모닝 페이지는 자신의 창조적 충동을 신뢰하게 해준다. 단어와 단어, 또 다른 단어를 이어가며 경로를 만드는 데 익숙해진다. 각각의 단어가 완벽하다고, 훌륭하다고 확신하는 법을 배운다. 우리의 완벽주의는 헛된 저항을 이어가겠지만 전에는 진실의 소리처럼 여겨지던 그것이 이제는 애처로운 울음으로 들릴 뿐이다. 완벽주의는 폭군이 아닌 방해꾼이 된다. 성공적인 모닝 페이지가 이어지면 완벽주의의 목소리는 점점 작아진다. 완전히 몰아내지 못한다 해도 그 위력을 확 줄이는 것은 가능하다.

완벽주의와 이별하는 법

강의 시간에 나는 사람들이 완벽주의를 벗어나도록 돕기 위해 다음과 같은 연습을 하게 한다.

"1부터 10까지 세보겠습니다. 질문을 드릴 테니 빈칸을 채워보세요. 준비됐나요? 시작합니다. 1! 완벽하게 해야 할 필요가 없었다면 ( )을 시도했을 텐데. 2! 완벽하게 해야 할 필요가 없었다면 ( )을 시도했을 텐데. 어떻게 하는지 감 잡았죠? 3! 완벽하게 해야 할 필요가 없었다면 ( )을 시도했을 텐데. 4! 완벽하게 해야 할 필요가 없었다면 ( )을 시도했을 텐데. 자, 이렇게 10까지 써보세요."

완벽주의를 억눌렀을 때 하고 싶은 열 가지를 생각해보며 학생들은 생각하게 된다. '정말로 시도해볼 수 있겠는데?' 난생처음으로 자신의 완벽주의를 다시 바라보게 되는 것이다. 꿈에 귀 기울이고 기록해가면서 꿈을 향한 도전에 한 걸음 다가간다.

모닝 페이지는 우리의 가능성이 과감히 확장되도록 한다. 마음이 바라는 바를 듣고 '어쩌면 시도해볼 수 있을 거야'라는 목소리를 듣는 것이다. '아니, 절대 못 해'라고 사악하게 속삭이는 부정적인 목소리를 물리친다. 진실은 우리가 할 수 있다는 것이다.

두려움이 제한해버린 범위를 넘어서면 훨씬 더 많은 것을 할 수 있다. 완벽주의는 결국 미화된 두려움이다. 바보같이 보일까 봐 두려워서 우리는 물러선다. 스스로에게는 상황을 고려해야 한다며 핑계를 댄다. 실제로는 고려할 일도, 물러설 이유도 없는데 말이다. 우리는 창조의 기쁨을 스스로 막아선다. 창조하려는 인간의 근본적인 욕구를 거부한다. 하지만 우리 꿈과 욕망은 충족되기 위해 존재한다. 물러서면 본래의 모습이 위축된다. 창조적 존재로 태어난 우리에게 '할 수 있어. 시도만 하면 돼!'라고 말하는 속삭임에 귀를 기울여야 한다.

작은 꿈의 소리에 귀 기울여라

듣기 위해서는 주의를 기울여 집중해야 한다. 꿈은 때로 소리가 아주 작기 때문이다.

귀를 기울이다 보면 청각이 더 예민해진다. 매일 모닝 페이지를 쓰다 보면 이런 집중 훈련을 저절로 하게 된다. 풀려나오는 생각 하나하나를 잘 들으면서 자신의 인식을 신뢰하게 된다. 단어 하나하나는 의식의 한 지점이며, 합쳐지고 이어지는 단어들은 우리 영혼의 기록이다. 단어들이 이어지는 모습을 보면서 우리는 자기 삶의 이야기에 주의를 기울인다. 우리 삶의 이야기는 흑백이 아니다. 무척이나 다채롭고 무늬도 화려하다. 꿈에 집중하면 더 많은 꿈이 풀려나온다. 삶을 자세히 살필수록 그렇게 집중해 들여다볼 가치가 충분하다는 것을 알게 된다.

모닝 페이지는 닫힌 내면의 문을 열어준다. 미지의 세계였던 삶은 이제 알려진 곳이 된다. 감정은 신비로운 것에서 명료한 것으로 바뀐다. 무엇을 왜 느끼는지 알게 된다. 상황의 더 큰 틀 안에서 우리가 어떤 위치인지 드러난다.

잘 듣는 연습은 우리가 무엇을 알아야 하는지 알려준다. 사건들이 갑자기 획 닥쳐오는 일은 없다. 직관력이 높아지면서 다가오는 상황의 전체 모습이 느껴지기 때문이다. 친구들은 어떤 상황에서도 침착한 당신의 모습에 놀랄 것이다. 하지만 우리에겐 놀랍지 않은 일이다. 이는 모닝 페이지가 안겨준 결실이다. 모닝 페이지가 조기 경보 체계로 작동하는 것이다. 반갑지 않은 상황의 단서가 드러난다. 시간이 가면서 초능력에 가까울 정도로 단서를 잘 잡아내고 자신의 능력을 신뢰하게 된다. '무언가 기묘한 느낌'에 주의를 기울이고 진지하게 받아들이는 것이다.

이런 경청의 길을 여행하며 우리는 자신이 안전하다는 확신을 키워간다. 위험이 다가오고 있다는 경고를 자주 듣겠지만 동시에 우리 곁에 선한 의도를 지닌 어떤 존재가 있다는 것을 믿게 된다. 그 존재는 모닝 페이지를 통해 우리에게 말한다. 그리고 그 어렴풋했던 느낌은 믿을 만한 길잡이라는 것이 밝혀진다. 예감은 터무니없는 것이 아니다.

'이걸 해봐.' 모닝 페이지는 우리에게 제안한다. 실제로 행동해

보면 결국 유익한 조언임을 알 수 있다. 낯선 방향으로 나아가면 반드시 새로운 영역이 열린다. 모닝 페이지는 내게 작곡을 하라고 했다. '감동적인 곡을 쓰게 될 거야'라면서 말이다. '하지만 난 음악을 모르는걸.' 나는 저항했다. 실제로 작곡을 시도하고 나서야 정말 내가 감동적인 곡을 쓰고 있다는 것을 알게 되었다. 강의를 할 때 내가 만든 곡을 활용해 함께 노래하곤 한다. 사람들은 그 노래를 좋아하고 나도 그 노랫소리를 듣는 것이 좋다. 내가 만든 곡이라고 하면 다들 깜짝 놀란다. 아무도 몰랐던, 모닝 페이지만이 알려준 재능이다.

모닝 페이지를 시작하는 시점에서도 우리는 자기 재능을 잘 알고 있다고 여긴다. 무엇에 얼마만큼 재능이 있고 그 이상은 없다고 믿는다. 그릇의 크기는 이미 정해졌다고 생각한다. 하지만 모닝 페이지가 습관이 되면 자신이 생각보다 훨씬 더 창의적이라는 사실을 알게 된다. 음악은 접근할 수 없는 영역이라 여겼던 나도 결국 음악적 재능을 찾았다. 글쓰기가 질색이었던 사람이 작가적 역량을 드러내고, 예술과 거리가 멀었던 사람이 예술성을 발휘하게 된다. 우리의 재능은 드러나지 않았을 뿐 무궁무진하다.

"하지만 어떻게 그걸 알 수 있다는 거죠?" 이런 질문을 자주 듣곤 한다. 나는 나의 사례를 들어 답한다. 나는 음악적 감성이 풍부한 가족 안에서 음악적이지 않은 아이로 자랐다. 가족들은 내가 작가이지 음악가는 아니라고 여겼다. 그래서 모닝 페이지가 작곡을 해보라고 권했을 때 나는 말도 안 되는 소리라고 생각했다. 실제로 시도하기 전까지는 말이다. '가족 신화'family mythology는 실로 강력하다. 내가 음악가인 남동생에게 작곡가와 작업 중이라고 하면서 몇 곡을 들려주었을 때 그는 "재능 있는 작곡가군."이라고 했다가 내가 혼자 작곡한 거라고 하니 "마지막 곡은 괜찮았어."라고 말을 바꾸었다. 남동생은 내 음악적 재능을 믿지 못했고 나 역시 믿기 어려웠다. 뮤지컬 세 편과 동요 모음집 두 개를 내놓은 지금까지도 "나는 음악가야."라고 말하기가 쉽지 않다. 모닝 페이지만이 내 재능을 믿어주었다.

모닝 페이지는 나를 격려하고 응원한다

모닝 페이지는 '믿음의 거울' 역할을 한다는 것이 내 생각이다. 우리의 잠재력을 비춰주며 믿게 만드는 것이다. 모닝 페이지는 긍정적이고 낙관적이다. 우리의 약점이 아닌 강점을 믿어준다. 예술가라면 누구에게나 이런 거울이 필요하다.

물론 모닝 페이지뿐 아니라 사람이라는 거울도 있다. 나는 강의할 때 수강생들에게 믿음의 거울, 즉 자신에게 격려와 지지를 보내는 사람들 세 명을 꼽아보게 한다. 자신의 잠재력을 비춰주며 믿게하는 모닝 페이지처럼 그 세 사람은 내게 격려와 지지를 보내며 창조적 성공에 핵심적인 역할을 한다. 결국 성공은 무리 지어 오는 것이며 너그러움 속에서 탄생한다.

일단 믿음의 거울이 누구인지 혹은 무엇인지 알고 나면 더 의식적으로 활용할 수 있다. 내게는 제러드, 로라, 엠마, 소냐라는 친구들이 믿음의 거울이다. 이 친구들에게는 틀만 잡힌 원고 초안도 걱정 없이 보낼 수 있다. 그리고 이들의 격려와 지지를 받으며 나는 초안을 더 발전시킨다. 모닝 페이지가 그렇듯 친구들은 든든한 응원군이다.

예전에 '모차르트의 유령'이라는 제목의 소설 집필을 끝냈을 때 나는 이 소설이 곧 출판되리라 기대했다. 하지만 거절이 이어졌다. "소설은 마음에 들지만 위원회를 통과하지 못했습니다."라는 답변만 들었다. 낙제점은 아니라 해도 거절은 거절이었다. 내 확신은 빛을 잃어갔다. 하지만 친구 소냐는 믿음의 거울이 되어주었다. 그녀는 내게 이렇게 말했다.

"네 소설은 훌륭해. 곧 출판될 게 분명해."

그 말에 힘입어 나는 계속 출판사와 접촉했다. 실망스러운 답이 돌아올 때마다 '소냐가 훌륭하다고 했어. 곧 출판될 게 분명하다고도 했지'라고 나 자신을 위로했다. 모닝 페이지도 긍정적인 답을 주었다. 나는 용기를 얻어 다시 시도했다. 마흔세 번째와 마흔네 번째 출판사 두 곳에서 출판하고 싶다는 답을 보내왔다. 나는 마흔

세 번째 출판사를 선택했다. 모닝 페이지와 소냐가 아니었다면 아마도 출판을 포기했을 것이다. 믿음의 거울이 나를 계속 전진하도록 했다. 마침내 출판이 성사되었고 나는 뛸 듯이 기뻤다.

"소설이 아주 훌륭해요."

독자들도 이렇게 말해주었다. 소냐의 말 그대로였다. 소냐와 모닝 페이지라는 믿음의 거울이 내게 용기와 낙관론을 심어주었다. 이 둘은 창조적 성공의 필수 조건이다.

'계속하기를 계속하라'는 것이 모닝 페이지의 주문이다. 기적이 일어나기 5분 전에 멈추면 안 되지 않는가. 그런 실수는 저지르지 않도록 하자. 모닝 페이지는 기적을 만들어준다.

"모닝 페이지가 효과가 있기 때문에 계속하는 겁니다." 20년째 모닝 페이지를 이어오는 사람의 말이다. "모닝 페이지는 하루가 나를 맞이하는 게 아니라 내가 하루를 맞이하도록 해줍니다." 또 어떤 사람은 이렇게 말했다. "모닝 페이지에 바라는 바를 쓰면 실현되는 일이 많아요. 전 바이올리니스트의 꿈을 거의 포기한 상태에서 모닝 페이지를 시작했는데 작곡을 해보라는 소리를 들었어요. 그리고 지금 작곡가가 되었죠."

모닝 페이지는 단순하지만 극적이다. 우리를 원하는 모습으로 반드시 변화시킨다. 이보다 더 좋은 것은 없다.

기상 알람을 45분 일찍 맞추세요. 알람이 울리면 바로 침대에서 모닝 페이지를 시작하세요. 머릿속에 떠오르는 무엇이든 기록하면서 세 쪽을 채워보세요. 세 쪽이 끝나면 멈춥니다. 모닝 페이지를 시작해본 느낌이 어떤가요? 쓰면서 들었던 느낌과 생각을 적어보세요.

모닝 페이지를 시작하게 된 것을 환영합니다. 모닝 페이지는 의식적 듣기의 여정으로 나아가는 첫걸음입니다.

2. 내 마음대로 듣는 연습, '아티스트 데이트'

아티스트 데이트는 감각을 깨우기 위한 도구로서 '예술'과 '만남'이라는 서로 다른 두 가지가 핵심이다. 간단히 설명하면 매주 한 번씩 흥미 있거나 관심 가는 무언가를 혼자 해보는 모험이다. 절반은 예술이고 절반은 만남인 이 이벤트는 사실은 자기 안의 아티스트를 발견하고 보살피는 것이 목적이다. 미리 일정을 세워두면 매주 이 모험을 설레며 기다리게 된다. 낭만적 만남이 그렇듯 재미의 절반은 기대에서 오니 말이다.

강의를 진행할 때 아티스트 데이트는 모닝 페이지와 달리 자주 저항에 부딪힌다. 노동의 중요성을 강조하는 우리 문화에는 '놀이의 중요성' 같은 것이 끼어들 수 없다. 모닝 페이지를 소개할 때 "훌륭한 방법이긴 하지만 아침에 45분 일찍 일어나라니, 악몽이 아닐 수 없지요."라고 말해도 사람들은 그 유용성을 믿고 기꺼이 시작한다. 반면 아티스트 데이트를 소개하며 "마음을 끄는 무언가를 매주 한두 시간 동안 해보세요. 쉽게 말해서 놀아보라는 겁니다."라고 말하면 곧 저항하는 눈빛들을 보게 된다. 노는 데서 뭐 좋은 게 나올 수 있다는 말인가? 창조성을 키우려면 노력해야 하는 게 아닌가? 놀면 아이디어가 나온다는 말이 무슨 뜻인지 사람들은 잘 이해하지 못한다.

미리 계획해서 놀아야 한다는 것을 받아들이기는 사실 놀랄 만큼 어렵다. 대체 뭘 해야 할지 모르겠다는 하소연이 여기저기서 나오곤 한다. 이런 하소연은 하고 싶은 놀이의 부재에서 온다. 너무 진지한 것이 문제다. 누가 봐도 완벽한 아티스트 데이트를 찾아내야 한다고 생각하는 것이다.

말도 안 되는 기대다. 그럴 때 나는 아티스트 데이트 방법 다섯 가지를 머리에 떠오르는 대로 휘갈겨 써보라고 권한다. 도무지 다섯 가지가 떠오르지 않는다면 이런 방법도 있다. 바로 어린아이가 되어 생각하는 것이다. 아이들이 좋아할 것 같은 다섯 가지를 꼽아 보면 된다. 어찌어찌 다음과 같은 목록이 만들어졌다고 하자.

1. 서점에 간다.
2. 놀이공원에 간다.
3. 미술용품 가게에 간다.
4. 영화관에 간다.
5. 동물원에 간다.

이렇게 다섯 가지가 나왔다면 다섯 가지를 더 생각한다. 그러면 처음보다는 덜 힘들게 다섯 개를 추가할 수 있다.

6. 박물관에 간다.
7. 식물원에 간다.
8. 옷가게에 간다.
9. 음반 가게에 간다.
10. 연극 놀이를 한다.

아티스트 데이트의 재미를 확인하면 아이디어가 샘솟는다. 여전히 방법이 안 떠오를 때는 친구와 의논하는 것도 방법이다. 친구가 '미술관 가기'를 제안할 수 있다. 혹은 내 친구가 그랬듯 '골동품 가게 가기'를 생각해낼 수도 있다.

아티스트 데이트 목록은 순전히 즐거움을 위한 것이다. 진지함은 필요 없다. 어른의 즐거움, 예를 들어 컴퓨터 강좌 듣기 같은 것을 하는 시간이 아니다. 이런 강좌는 아티스트 데이트가 아니다. 요구하는 바가 많기 때문이다. 우리가 얻고자 하는 건 순수한 재미다. 너무 힘든 것은 안 된다. 또 반드시 혼자 해야 한다는 점을 꼭 기억하라. 아티스트 데이트에서는 자신과 대면해야 한다. 이 모험은 남과 나누기 위한 것이 아닌 개인적인 것이다. 당신이 당신 자신하고 나누는 비밀 선물이다.

'어른의 생각'에서 벗어나는 시간

혼자 떠나는 아티스트 데이트는 자기 안의 아티스트에게 온전히 집중하는 특별한 시간이다. 그렇다면 '이번 금요일에는 내 안의 아티스트가 이탈리아 식당에서 식사하도록 데려가야지'라는 계획은 어떨까?

아티스트 데이트는 자신에게 귀 기울이는 상태를 만들어준다. 그래서 우리 자신, 우리 내면의 아이와 만나게 해준다. 이런 아티스트 데이트에 저항감을 보이는 경우가 많지만 내면에 이처럼 가깝게 다가가는 것은 분명 크나큰 보상을 안겨준다. 혼자서 그저 재미를 위해 뭔가를 하면서 우리는 내면 가장 깊은 곳의 욕망을 만난다. 혹은 더 높은 자아의 손길 같은 영감을 느끼기도 한다.

예술 활동을 하면서 우리는 내면의 우물을 길어 올린다. 안에 있던 이미지들을 차례로 끌어내는 것이다. 그리고 아티스트 데이트를 통해 그 우물을 다시 채운다. 의식적으로 이미지 창고가 보충된다. 원하는 대로 보내는 시간은 제값을 한다. 다음번에 예술 활동을 할 때 풍족해진 우물을 발견할 것이다. 이미지도 훨씬 쉽게 만들어지고, 너무 많아 골라야 할 지경이 된다. 우리는 그중 제일 좋아 보이는 것에 귀를 기울일 수 있다.

아티스트 데이트에서 우리는 경험에 집중한다. 이 집중은 기쁨을 안겨준다. 가령 이탈리아 식당을 방문하는 일은 우리의 감각을 채워줄 것이다. 풍성한 향기와 우아한 맛이 입안을 채운다. 레몬즙을 뿌린 소고기와 막 구워낸 마늘빵이 미각을 자극한다. 집으로 돌아와 전혀 다른 주제에 대해 글을 쓴다고 해도 그 식사처럼 풍성한 감각으로 발견한 이미지들이 가득 떠오를 것이다.

성공한 아티스트 데이트가 가져오는 보상이 늘 선형적인 것은 아니다. A라는 아티스트 데이트에서 느낀 것들로 Z에서 결과를 내기도 한다. 이렇듯 비선형적이기 때문에 아티스트 데이트가 모닝 페이지보다 더 연습하기 어려운 것일지도 모른다. 모닝 페이지는 일이고 우리는 노동에 익숙한 사람들이다. 반면 아티스트 데이트는 놀이다. 그리고 우리는 '아이디어 놀이'라는 것을 도무지 받아들이지 못한다. 창조성을 발휘하기 위해 일할 용의는 얼마든지 있다. 하지만 놀이라니? 놀이에 대체 어떤 좋은 면이 있다는 말인지 이해하기 어렵다.

하지만 놀이로 많은 것을 얻을 수 있다. 마음이 가벼워지면 아이디어가 더 자유롭게 흘러나온다. 무언가 생각을 짜내려고 애쓰지 않고 긴장을 푼 채 편안하게 듣고 받아쓰면 예감과 직관이 찾아온다. 아티스트 데이트의 시간 동안 자비로운 무언가, 흔히 신이라고 표현되는 존재를 느꼈다고 말하는 이들도 있다. "제게 아티스트 데이트는 정말이지 신비한 경험이었어요."

이렇게 생각해보자. 모닝 페이지를 할 때 우리가 발신자였다면 아티스트 데이트에서는 수신자로 역할이 바뀐다. 우리 자신이 영혼의 전파 송수신기가 되는 것이다. 송신과 수신을 다 할 수 있어야 기기가 제대로 작동하는 법이다.

"아티스트 데이트에서 절대 찾을 수 없었던 돌파구가 되는 아이디어를 얻었어요."라고 말한 여성도 있었다. 놀랍지 않은 소식이다. 창조성 전문가들은 집중과 이완이라는 두 단계의 과정이 돌파구를 만든다고 주장한다. 모닝 페이지는 집중을 위한 도구로서 현재의 문제에 초점을 맞추는 활동이다. 아티스트 데이트는 이완을 연습하는 활동이며 이때 새로운 아이디어가 마음을 채운다. 창조

과정이 알아서 움직이도록 놓아주는 것이다. 샤워하다가 혹은 고속도로에서 힘들게 차선 끼어들기를 하다가 갑자기 아이디어를 얻었다고 하는 사람들이 그토록 많은 이유도 이 때문이다(아인슈타인은 샤워 쪽이었고 스티븐 스필버그는 운전 쪽이었다).

핵심은 집중과 그 후의 이완이다. 이완 없이 집중만으로 돌파구를 찾아내려는 이들이 퍽 많다. 아티스트 데이트는 그 나쁜 습관을 해결해준다. 아티스트 데이트는 우리가 아이디어 놀이를 시작하게 해준다.

아티스트 데이트의 핵심은 즐거움이다. 최고의 아티스트 데이트에는 장난기가 넘쳐난다. 점잖을 필요는 전혀 없다. 노련함이 아닌 호기심으로 움직여라. 까불어 댈 작정을 하라. '해야 하는' 일을 계획하지 말라. 대신 '하지 말아야 할' 것을 계획하라. 마차를 타고 쇠 편자가 길바닥에 또각또각 부딪치는 소리를 즐겨라. 아티스트 데이트에 꼭 돈을 많이 들여야 하는 것도 아니다. 공짜가 최고인 경우도 많다. 어린이책 서점에 가서 서가를 살펴보는 데는 돈한 푼 들지 않는다. 거기서 굉장한 책을 발견할 수 있는데도 말이다. '공룡의 모든 것', '커다란 고양이의 모든 것', '기차의 모든 것'을 한번 알아보면 어떨까?

아티스트 데이트는 아이로 돌아가는 시간이다. 어린이책에 담긴 정보량은 우리 안의 아티스트를 깨우기에 딱 적당하다. 더 많은 정보, 그러니까 성인용 서적에 담긴 정도의 정보는 우리 안의 아티스트를 압도한다. 내면의 아티스트는 아직 어리다는 점을 기억하자. 그러니 아이를 대하듯 배려해야 한다. 미숙하다고 야단치지 않고 잘 보살피면 성장으로 보답할 것이다. 이 아이는 놀이에 잘 반응한다. 그렇게 아티스트 데이트라는 놀이는 생산성을 높이는 이상적인 도구가 된다.

잠자고 있던 감각을 깨우는 몸 놀이

"아티스트 데이트로 동물원을 찾았는데 아기 토끼들을 만져봐도 된다고 하더군요. 그렇게 놀고 나니 미친 듯이 글을 써 내려갈 수 있었어요." 수강생 중 한 사람이 더없이 행복한 표정으로 자신의 경험을 이야기했다. 그는 그곳에서 얌전하면서도 장난기 넘치는 한 녀석이 특히 마음에 들었는데, 집에 돌아오니 거실 창밖으로 탐스러운 토끼 꼬리들이 휙 지나가는 모습이 보였다고 했다. "꼭 토끼한테 주파수가 맞춰진 것처럼 말이죠."

동물들을 만날 수 있는 곳은 놀이 요소가 가득해서 아티스트 데이트 장소로 이상적이다. 수족관에 갔던 어떤 사람은 이렇게 말했다. "몇 시간을 보내도 지루하지 않을 것 같았어요. 어둠 속에서 줄무늬가 환하게 빛나는 네온테트라라는 작은 물고기가 인상적이었어요. 부채꼬리금붕어가 베일 같은 꼬리를 흔드는 모습도 아름다

웠고, 에인절피시는 보기와 달리 공격적이더군요. 소드테일은 색깔이 화려하지만 아주 겁이 많았답니다."

서로 다른 물고기의 본성에 주의를 기울이는 것은 집중하는 행동이다. 집중은 아티스트 데이트의 기본 특징이다. 아티스트 데이트에서 우리는 대상의 개별적 특성에 귀를 기울이고 기억 창고에 기록한다. 그 후 예술 활동을 하게 되면 길어 올릴 우물물이 가득 차 있다. 기억 속의 세부 사항들이 예술적 요소로 옮겨지고 이 예술적 요소가 관객을 사로잡는다.

사진작가 로버트 스티버스Robert Stivers는 전시회의 작품 배열에 극도로 신경을 쓴다. 작품의 위치는 작가에게도, 전시회를 찾은 관객에게도 중요하다. 그의 사진 작품은 기이한 것에서 신비로운 것까지 다양하다. 바람에 흔들리는 해바라기부터 홀로 서 있는 야자수에 이르기까지 사진 속 이미지들은 아름답기 그지없다.

"제 작업은 결국 잘 듣는 것이라고 생각합니다. 눈길을 사로잡는 무언가는 귀에 들어오는 속삭임과 같죠. 주의 집중의 문제인 겁니다."

사막을 가로질러 운전하면서 스티버스는 차창에 스친 장면을 카메라로 포착한다. 그리고 놀라운 이미지가 작품으로 남는다. "제 사진 몇 장은 마음에 듭니다." 그는 늘 겸손하게 말하지만 그의 시선은 날카롭고 세상의 인정을 받는다. 나는 그의 전시회 전날 시사회에 참석했다. 수백 개의 이미지 중에서 그가 특히 자부심을 보인 것은 선명한 색을 입힌 동물 사진 시리즈였다. 분홍색 양, 자주색 버팔로, 초록색 큰사슴 등 선명한 색깔이 들어감으로써 동물들의 모습은 한층 인상적으로 변했다. 겸손한 작가가 몇 장은 마음에 든다고 할 정도로 말이다.

전시 시사회 관람은 내게 완벽한 아티스트 데이트였다. 감각을 깨우고 어린아이처럼 경탄하게 만드는 멋진 이미지들을 봤다. 산산이 흩어지기 직전의 시든 장미 한 송이는 '죽음을 기억하라'라는 말을 연상시켰다. 얇은 천 한 장을 걸친 누드 사진도 마찬가지였다.

혼자 시간을 보내며 발견하는 것들

성공적인 아티스트 데이트는 창조적 탐색의 문을 열어준다. 보고 들음으로써 느낌의 길이 열리고 감정이 무장 해제된다. 우리의 모든 것이 움직이기 시작한다.

아티스트 데이트를 계획할 때는 의무보다 좋아하는 것을 우선으로 선택한다. 빠져들기 위해 밖으로 나가는 것이기 때문이다. 좋아하는 것 열 가지를 휙 써보면 멋진 아티스트 데이트로 이어질 수 있다. 말을 좋아한다면 말을 만져볼 수 있는 곳으로, 초콜릿케이크가 좋다면 제과점으로 가면 된다. 선인장이 좋다면 화원으로 가면 된다. 좋아하는 것은 어딘가 장소로 이어지고, 바로 그곳에서 풍성한 아티스트 데이트가 이뤄진다.

아티스트 데이트는 연결의 감각을 불러일으킨다. 좋아하는 무언가를 보러 갔을 때 우리는 우리 자신에게로 돌아간다. 본능적이라 할 정도의 짜릿함이 느껴진다. 행복하다는 감정이 용솟음친다. 성스러운 손길을 느꼈다는 경험담도 많다. 좋아하는 무언가를 누리는 일에는 뭔가 성스러운 것이 있다. 우주의 풍요로움에 대한 감사도 흔히 등장하는 경험담이다.

"신을 느낀 것 같아요!" 이렇게 탄성을 내뱉은 이도 있다. 신이라 부르든, 그 어떤 이름으로 부르든 다 좋다. 더 크고 자비로운 무언가를 느끼는 것은 아티스트 데이트가 자주 안겨주는 선물이다. 이 만남을 통해 우리는 우리 자신에게 친절해지고 이때 성스러운 자비의 마음이 생겨난다.

기독교 문화권에서 신은 벌을 내리는 존재로 여겨진다. 그래서 우리가 심판하고 처벌하는 신에 익숙하다면 이제는 자비로운 신의 존재를 확립해야 한다. 이 새로운 신은 친절하고 관대하며 유머 감각까지 넘친다. 신이 지녔으면 하는 특징을 적다 보면 그런 자비로운 신이 이미 존재한다는 걸 깨달을지도 모른다. 사랑이 넘치는 신이 있다고 생각하면 그 존재를 실제로 느끼기 시작하는 것이다. 아티스트 데이트는 바로 그런 놀라운 경험으로 나아가는 문을 활짝 열어준다.

의식적으로 자신을 기쁘게 하려고 노력하다 보면 이 세상에 존재하는 기쁨들을 더 많이 인식하게 된다. 동물원에 가서 토끼와 즐겁게 시간을 보냈다고 하자. 그 귀여운 생명체에게서 느끼는 놀라움과 감탄은 세상을 향한 경이로움으로 우리를 인도한다.

최고의 아티스트 데이트는 경외심을 불러일으킨다. 빠져들게 하는 무언가를 찾아가면서 우리는 더 큰 빠져듦의 가능성을 우리 자신에게 열어준다. 하나의 기쁨은 또 다른 기쁨으로 연결된다. 상상력을 자극하기 위해 처음에는 멋지고 재미있는 것을 열심히 찾아갈 수도 있지만 이것이 반복되면서 아티스트 데이트는 점점 쉬워진다. 우리 안의 아티스트를 배려하는 데 익숙해지면 더 큰 열정이 생겨난다. 아티스트 데이트는 더 이상 일이나 숙제가 아닌, 풍요로운 감각으로 채워진 시간이 된다. 우리는 점점 더 멋진 세상에 살게 된다.

놀이에 목표를 세우지 말라

아티스트 데이트는 점점 쌓이며 영역이 확장된다. 멋진 것을 추구하면 다른 멋진 것이 계속 나타난다. 경험이 이이지면서 판심사는 열정이 된다. 흑백으로 시작되었던 아티스트 데이트가 총천연색으로 바뀌고 감각에 집중하는 것이 중요해진다.

장미정원을 찾아가는 아티스트 데이트는 시각과 후각을 깨운다. 샐러드가 유명한 식당으로 떠난 아티스트 데이트는 미각을 자극한다. 동물원에서 만난 보드라운 토끼는 촉각의 수준을 한 차원 높인다. 음악회는 귀를 열게 한다. 한 번에 하나의 감각에 집중하는 식으로 아티스트 데이트를 계획하는 것도 좋은 도전이다. 각각의 감각을 집중적으로 깨워주는 것이다. 모든 감각이 완전히 깨어나면 우리의 삶은 한층 더 풍요로워진다.

"아티스트 데이트는 저를 깨웠어요." 한 학생이 감탄하며 이렇게 말했다. "갑자기 모든 것이 생생해졌어요. 그리고 제가 온전히 살아 있다는 느낌을 받았습니다." 온전히 살아 있다는 느낌은 아티스트 데이트를 통해 많은 사람이 공통으로 얻는 결과다. 스티버스의 사진에 표현된 동물들처럼 갑자기 주변이 선명한 색으로 칠해지는 것이다.

우리는 더 예민해지고 주변의 특징에 집중하게 된다. 뉴욕 센트럴 파크의 연못 주변에는 벚나무들이 있다. 봄이 되어 분홍빛으로 만개한 벚꽃은 놓칠 수 없는 경험이다. 뉴멕시코의 봄은 살구나무에 가득 핀 꽃들이 절경이다. 계절마다, 장소마다 빛나는 순간이 왔다가 사라진다. 깨어 있어야 잡을 수 있는 순간들이다.

누군가는 이렇게 말하기도 했다. "아티스트 데이트를 시작하면서 저는 더 주의를 집중하게 되었습니다." 한 주에 한 시간 정도 시간을 내서 즐거움에 집중하면 그 주의 나머지 시간도 즐거워진다. 아티스트 데이트의 재미는 활동 전과 후에도 존재한다. 계획한 아티스트 데이트를 기다리면서 즐거워지고 끝난 다음에는 기억하면서 즐거워지기 때문이다. 따라서 아티스트 데이트에는 하기 전과 하는 중, 하고 난 후라는 세 단계가 존재한다.

아티스트 데이트는 확신을 안겨준다. 즐기는 데 집중하면서 우리는 무엇이 자신을 즐겁게 하는지 배운다. 아티스트 데이트가 너무 힘들다고 불평하는 사람도 있었다. 질문을 던져보니 그 사람은 자기계발이라는 목표를 가지고 아티스트 데이트를 너무 진지하게 임하고 있었다. 나는 그에게 "그냥 마음 편하게 해보세요."라고 조언했다. 이후 그는 아티스트 데이트가 새롭게 즐거운 경험이 되었다고 전해왔다.

아티스트 데이트는 깔깔거리는 경험이다. 재미와 장난이 핵심이며 순수한 즐거움이다. 놀이는 상상력을 깨우고 생각을 더 유연하게 만든다. 재미에 집중하면서 우리는 집중력을 더 키우게 된다. 재미의 대가로 집중력이 더 향상되는 것이다. 이는 마음이 편안해지는 것에 대한 보상이기도 하다.

아티스트 데이트는 우리의 삶이 얼마나 한쪽으로 치우쳐 있는지 알게 해준다. 우리는 너무 진지하게 '일'에만 매달려 있다. 이런 생활을 경계하는, 나의 어머니가 지은 시를 읽어보자.

코를 박고 열심히 일하기만 한다면
그렇게 너무 오랜 시간을 보내버린다면
재잘거리는 시냇물이나 노래하는 새를
곧 잊어버리게 된다네.
그리고 세상에는 딱 세 가지만 남지.
자기 자신, 일 그리고 늙어버린 코.

어머니는 아티스트 데이트를 할 줄 아는 분이었다. 일곱 자녀를 키워내고 50대에 벨리댄스 강좌에 등록해 수료증을 받은 어머니는 우리 가족의 자랑이었다. 어머니는 순수한 재미의 가치를 알고 있었다. 집에 피아노가 두 대 있었는데 한 대는 레슨용이고 다른 한 대는 놀이용이었다. 어머니는 화가 났을 때 〈아름답고 푸른 도나우강〉을 연주하곤 했다. 그걸 보면서 우리는 재미라는 요소가 우울함을 치료해준다는 걸 배웠다. 아이들이 우울한 모습을 보이면 어머니는 우리를 차에 태워 인근 농장으로 데려갔다. 농장에는 작은 동물원이 있었다. 우리는 새끼 양이나 염소를 보며 활기를 되찾았다. 어린 동물들이 내뿜는 기쁨 덕분이었다.

아티스트 데이트는 슬픔의 해독제다. 즐겁게 보내는 한두 시간은 부정적 감정을 깨뜨린다. 자신도 모르는 사이에 낙관주의가 스며든다. 온 세상이 슬픔에서 기쁨으로 전환된다. 매주 한 번씩 하는 아티스트 데이트는 우울증을 예방하는 강력한 처방이다.

"몇 번 해본 후에는 완전히 빠져들었어요." 몇 년이나 우울증으로 고생했다는 한 여성의 경험담이다. 그녀에게 아티스트 데이트는 행복한 습관으로 자리 잡았다. 한 남성은 이렇게 말하기도 했다. "실은 오랫동안 미뤘어요. 그러다 마침내 첫 아티스트 데이트를 했는데 세상을 바라보는 시각이 얼마나 크게 바뀌었는지! 깜짝 놀랐답니다. 위협적이었던 세상이 다정해지더군요."

아티스트 데이트는 우리의 관점을 바꿔놓는다. 크게만 보이던 난관이 줄어들고 자신이 장애물을 극복할 만큼 강하다고 느끼게 된다. 균형 감각이 돌아오고, 장애물들을 다 물리칠 수 있을 만큼 커진 자신을 발견한다. 예전에 쉽게 압도되었던 문제가 이제는 처리 가능하다고 여겨진다.

아티스트 데이트는 잘 듣기 위한 여정의 핵심이다. 재미를 찾아 떠나며 우리는 자신감을 키운다. 과감하게 자기 확장을 시도한다. 즐거운 모험이 안겨주는 기쁨에 귀를 기울이면서 우리는 행복에 초점을 맞추게 된다. 이 행복이야말로 우리가 나아가고자 하는 길이다.

매주 한 번씩 홀로 즐거운 모험을 떠나보세요. 기쁨을 주는 활동을 선택하면 됩니다. 재미있는 것, 마음을 빼앗는 것을 찾아보고 미리 계획을 세워 기다리는 시간도 가지세요. 충분히 장난을 쳐도 좋습니다. 어린아이의 마음으로 다시 돌아가는 겁니다. 어떤 활동들로 아티스트 데이트를 시도할지 아래에 적어보세요.

---

3. 나만의 고민 상담 라디오, '걷기'

걸을 때 우리는 듣는다. 주변의 모습과 소리에 집중하고 감각이 깨어난다. 걷기는 지금 이 순간에 존재하도록 해준다. 예민하게 주변 상황을 인식할 수 있다. 우리는 여유 있는 속도로 걸으면서 마주치는 모든 것, 즉 나무에서 날아오르는 홍방울새, 길가에 피어난 보라색 국화, 반짝거리는 초록빛 덤불, 발 앞을 재빨리 가로지르는 회색 고양이 등을 발견한다. 다리를 뻗으면서 우리의 마음도 뻗어나간다. 소나무 위에 앉은 새들에게서 즐거움을 느낀다. 운이 좋다면 키 큰 풀숲 속에 꼼짝하지 않고 서 있는 사슴을 볼 수도 있다.

걸음을 옮길 때마다 우리 몸에서는 천연 활력제인 엔도르핀이 분비된다. 우리 몸의 화학적 시스템이 긍정적으로 바뀌고 기분도 좋아진다. 보이고 들리는 모든 것이 활력을 돋운다. "저기 봐! 고양이가 창틀에 앉아 있네."라며 즐겁게 주변 풍경을 반기기도 하고, "저 큰 개를 피해서 가야겠는걸."이라며 위험할 수 있는 상황을 경계하기도 한다. 이는 걷기 자체가 급하거나 빠른 행동이 아니기 때문에 가능한 일이다.

걸을 때는 까마귀의 울음소리, 작은 새의 속삭이는 듯한 지저귐, 잣나무를 스쳐 지나가는 가느다란 바람 소리가 생생하게 다가와 주의를 집중시키고 그 느낌은 기억에 오래 남는다. 우리는 걸으면서 세상에 귀 기울인다.

"전 걷기를 좋아해요." 한 여성이 말했다. "매일 1만 보 이상 걸으려고 하죠." 걸음 수를 기록하며 걷는 것은 성취감을 준다. 들리는 소리 하나하나, 내딛는 걸음 하나하나를 기억하면서 우리는 세상이 친절하다는 걸 알게 된다. 세상이 말을 건다. 저쪽에서 들리는 차바퀴 소리는 조심하라는 경고다. 큰 트럭의 우르릉 소리는 우리에게 길가로 걸으라고 말한다. 우리는 세상을 보는 동시에 듣는다. 소리가 모습보다 먼저 다가오는 일도 많다.

의식적 듣기를 연습하다 보면 듣기 능력이 좋아진다. 주변의 소리에 주파수가 맞춰지고 점점 더 많은 소리를 구분하게 된다. 걸음을 내디딜 때마다 더 분명하게 들을 수 있다. 더 명료해진 세상 속으로 걸어가는 것이다.

도심이라면 온갖 색깔로 화려한 꽃집 앞을 지나기도 한다. 구수한 냄새를 풍기는 빵집은 우리를 즐겁게 한다. 철물점 바깥에는 크기도 모양도 제각각인 물건들이 늘어서 있다. 서점 진열창에 비치된 책이 무엇인지도 보게 된다. 걷다 보면 이 모든 것이 들어온다. 걷다 보면 놓치는 것이 없다. 우리의 마음과 감정이 지나가는 풍경을 잡아낸다. 꽃집에는 파인애플과 식물들이 쇼윈도 안에 늘어서 있다. 빵집에는 파이와 크루아상이 쌓여 있다. 철물점에는 망치와 톱 같은 온갖 도구가 걸려 있다. 서점 안에 진열된 책들은 마치 "날 읽어줘요!"라고 외치는 것 같다.

사는 곳이 시골이든 도시든 걷기는 그 공간을 우리 것으로 만든다. 길가에서 풀을 뜯는 얼룩무늬 말도, 교통경찰이 올라탄 말도 다 멋지다. 걸으면서 우리는 마음의 카메라를 켜 매 순간을 포착한다. 집으로 돌아와 글을 쓰거나 그림을 그리려 하면 걸었던 기억이 살아난다. 걷기가 창조적 자산을 풍성하게 늘려 놓은 것이다.

걸을 때면 엔도르핀이 분비되며 행복감이 커진다. 투덜거리며 억지로 나갔어도 걷다 보면 기분이 바뀐다. 20분 정도의 짧은 걷기도 몸과 마음을 긍정적으로 바꾸기에는 충분하다. 한 걸음마다 나쁜 기분이 날아간다.

어디를 걷는지는 중요하지 않다. 느긋하게 걷다 보면 양쪽으로 펼쳐진 풍경을 충분히 볼 수 있다. 개를 데리고 걸으면 개의 시선으로도 세상을 보게 된다. "아, 저기 멋진 로트와일러가 산책 나왔군!" "귀여운 코커스패니얼인데."

우리 개 릴리는 이웃집의 골든리트리버 오티스를 좋아한다. 오티스가 마당에 나와 있는 걸 보면 다가가고 싶어 낑낑거린다. 샌타페이의 산 위에서는 사슴을 자주 볼 수 있는데 릴리는 사슴과 마주치면 바로 얼음이 된다. '너무 큰걸!' 릴리가 이렇게 생각하는 소리가 들리는 것 같다. 다시 움직이려면 목줄을 몇 번 당겨줘야 한다. 어느 날 아침 산책 길에는 사슴 한 마리가 아니라 무려 네 마리를 만났다. 릴리는 사슴들이 다 지나갈 때까지 그 자리에 못 박힌 듯 서 있었다. '대단한데! 어서 오티스한테 얘기해줘야겠어!'라고 생각하는 것 같았다. 이어 오티스의 집 앞을 지나자 릴리는 멈춰서서 한참을 짖었다.

아티스트들의 걷기 예찬

나가서 걸을 틈이 없다는 사람도 있다. 시간과 에너지를 낭비하는 일처럼 여겨지는 것이다. 하지만 이건 낭비가 아니다. 20분만 걸어도 40칼로리 이상을 태울 수 있다. 몇 시간 동안 신진대사가 활성화된다. 매일 걸으면 체중이 줄고 근육이 단단해지며 활력이 생긴다. 체력 단련 전문가 미셸 워서는 매일 걸으라고 강조한다. 그녀의 몸도 바로 그렇게 만들어진 것이다. 배우이자 시인인 줄리아나 매카시도 걷기가 최고라고 말한다. "수많은 유명인이 다 그랬죠. 매일 걸으면 체중은 줄고 창조적 영감은 늘어난다고요."

이런 유명인 중 한 명이 브렌다 유랜드일 것이다. 글쓰기를 가르치고 그녀 자신이 작가이기도 한 유랜드는 이렇게 말한다. "제겐 8~10킬로미터의 장거리 걷기가 잘 맞더군요. 반드시 혼자서 매일 걸어야 해요." 또 다른 유명인은 베스트셀러 《뼛속까지 내려가서 써라》의 작가 나탈리 골드버그다. 골드버그는 걷기가 창조성의 기본이라고 말한다. 70세에도 산악자전거를 탈 정도로 건강한 몸을 유지하는 그녀는 "걸으면 아이디어가 떠올라요. 창조적인 일을 하기 전에 걸음으로써 마음의 준비운동을 하는 셈이죠."라고 설명한다.

매카시와 친구가 된 지는 40년, 골드버그와는 30년이 되었다. 두 사람 다 내 믿음의 거울로서 작가이자 걷는 사람인 내 정체성을 확인해준다. 의기소침해지면 나는 두 사람에게 전화를 걸어 다시 기운을 얻곤 한다. "릴리와 같이 걷는 건 좋은 일이에요." 매카시가 내게 걷기를 권할 때 하는 말이다. 나는 릴리가 사슴을 만났을 때 어떻게 행동하는지 이야기한다. 매카시는 캘리포니아 산지에 사는데 우리는 자기 동네의 동물과 식물에 대해 소식을 나눈다.

작가 존 니콜스도 열심히 걷는 사람이다. 그는 뉴멕시코의 타오스 지역에 사는데 매일 근처의 작은 산을 오르는 것이 창조력의 근원이라고 말한다. 유랜드처럼 니콜스도 '홀로 매일' 걷는다. 《반항의 계절》The Milagro Beanfield War, 《푸키》The Sterile Cuckoo 등 영화화된 작품을 포함해 열 권이 넘는 책을 낸 그는 유머가 넘치는 사람으로 이 역시 걷기 덕분이라고 한다. "니콜스와 있으면 계속 웃게 돼요." 최근 골드버그에게 말했더니 "저도 그래요."라는 답이 돌아왔다. 얼마 전 함께 강연하면서 알게 되었다고 했다.

니콜스처럼 유랜드도 낙천적이다. 그녀는 "자신을 늘 밝게 빛나는 존재, 신과 그 천사들이 계속 메시지를 보낼 만큼 중요한 존재라고 생각하세요."라고 말하곤 한다. 걷기가 더 높은 정신적 힘을 의식적으로 깨닫게 해준다는 것이다. 그녀는 걷기의 첫 번째 선물이자 가장 좋은 선물은 '신과 그 전달자들'이 자신과 연결되어 있다는 깨달음이라고 했다. 걸으면서 우리는 더 높은 정신적 힘을 경험하고 예감, 통찰, 직관을 갖게 된다. 걷는 습관을 들이면 더 높은 곳에 내면의 귀를 열게 된다.

한 걸음에 하나씩, 문제가 풀린다

이처럼 유익한 점이 많은 걷기는 전통적으로도 중요하게 여겨졌다. 호주 원주민들은 걷기 여행을 떠나곤 했으며 미국의 인디언

들도 영적인 세계에 다가가기 위해 걸었다. 불교에서도 걷기 명상이 중요하다. 성 아우구스티누스는 "걸으면 해결된다."_{Solvitur ambula-do}라는 말을 남겼다. 무엇이 해결된다는 것일까? 아마 개인적이거나 직업적인 갈등 상황이 아닐까.

걷기는 뒤엉킨 인생의 문제를 풀어준다. 한 번에 한 걸음씩 명료함이 생겨난다. 철학자 키에르케고르는 국가의 문제를 해결하려고 걸었다. 우리는 마음의 문제를 해결하기 위해 걸을 수 있다. 걸으며 '나는 이 문제에 대해 이렇게 생각하는구나'라고 깨닫게 된다. 수수께끼를 해결하고 싶을 때 자기도 모르게 걷는 사람들이 많다. 걸으면서는 쉽게 들을 수 있기 때문이다. 그래서 깊게 듣기가 가능하다. 주변에, 더 높은 자아에 주파수가 맞춰진다.

걸으면서 우리는 자신이 사는 세상의 풍경과 소리를 받아들인다. 시골이라면 작은 새의 노래, 그 노래를 가로막는 까마귀 소리도 듣는다. 천천히 걸으면 높은 가지 위에 앉아 커다랗게 우는 새를 발견할 수 있다. 다가가면 새는 퍼드덕 날아간다. 우리는 새소리라는 선물을 받고 다시 걷는다.

도시에서는 공사장 드릴 소리가 스타카토 박자에 맞춰 들린다. 그 소리 쪽으로 다가가면 보도 공사가 이루어지는 광경이 보인다. 공사하는 인부들과 기계장비를 지나치려는데 먼지를 방지하기 위해 살수차가 작동되고 있다. 웅덩이를 피하려 길 쪽으로 내려선다.

지나가던 택시가 경적을 울린다. 성질 급한 운전자가 창문을 내리고 "조심해요!"라고 소리를 친다. "알았어요!"라고 대답하는데 개를 끌고 나온 행인이 다가오고 있다. 잠시 멈춰 서서 앞에 공사 때문에 물웅덩이가 있다고 알려준다. 걷기는 우리를 친절하게 만든다. 행인은 알려줘서 고맙다고 인사한다. "고맙기는요!" 정답게 대답한다. 드릴 소리 때문에 더 이상의 대화는 힘들다. 시끄러운 현장을 뒤로하고 계속 걸어간다.

걷기를 의식의 도구로 삼으면서 우리는 자신에게 귀를 더 잘 기울이는 법을 배운다. 의식적으로 듣는 연습은 한 번에 한 단계씩 진행된다. 걸으면서 우리는 자신의 근원을 향해 걸어간다. 나는 《이 세상에서 걷기》Walking in This World라는 책에서 걷기가 신체적으로도 유익할 뿐 아니라 정신적으로도 유익하다고 썼다. 이 책은 친구와 함께 걷기를, 진심 어린 대화를 나누며 걷기를 권한다. 걸을 때 우리는 생각의 리듬에 집중한다. 단어를 듣고 단어 이면의 감정도 듣는다. 그리고 더욱 친밀해진다. 걸으면서 거짓말을 하기는 어렵다. 매 걸음이 우리의 관심을 요구하고, 매 걸음이 호흡을 요구하기 때문이다. 말할 수 없었던 것을 어느새 말하고 있는 자신을 발견한다. 우리는 말하면서 동시에 듣는다. 그리고 스스로 '내가 진심인가?'라는 질문을 던진다. 말하면서 걷고 있다면 '그렇다'라는 답이 나올 것이다.

편한 신발 한 켤레를 준비하세요. 20분 정도 짧게 걷는 겁니다. 주변을 받아들이고 생각과 느낌에 주의를 기울이세요. 집에 돌아온 후에는 모닝 페이지를 펼치고 떠오르는 풍경 하나를 기록해보세요. 예를 들어 '꽃집을 지났는데 커다란 해바라기가 잔뜩 있었다' 혹은 '보더콜리 한 마리를 만났는데 아주 똑똑해 보였다'와 같이 쓰면 됩니다. 그중 한 문장을 아래에 적어보세요.

걸으면서 뭔가 깨달은 점이 있나요? 걸을 때에는 더 깊은 수준의 듣기를 통해 이제껏 발견하지 못했던 통찰이나 아이디어가 떠오르기도 합니다. 그렇게 떠오른 생각을 아래에 적어보세요.. '내게 늘 조언해달라고 하는 친구가 실은 능력이 대단하다는 걸 깨달았다' 혹은 '음악을 더 많이 만들고 싶다. 모닝 페이지 이후 아침마다 조금씩 작업하면 될 것 같다'라는 식으로 말입니다.

매주 두 번은 이렇게 20분 동안 걸어보기로 해요. 자, 주변 세상에 대해 계속 알아갈 준비가 되었나요?

WEEK 1

주변의 모든 소리를
듣고 느끼는 법

우리가 무언가를 한다는 건 결국 듣는다는 것이다.
우리는 태양을, 별들을, 바람을 듣는다.

_ 매들린 렝글

이제 의식적 듣기 연습을 시작해보자. 의식적 듣기는 그저 들리는 소리를 귀로 감지하는 게 아니라 주의를 기울여 무엇이 들리는지 집중하는 것이다. 이 장에서 연습할 첫 단계는 습관처럼 차단해왔던 것들, 바로 우리 주변에 귀를 기울이는 것이다.

당신이라는 존재의 미세한 무늬를 당연하게 여기지 마라. 그 무늬에 주의를 기울여라. _더그 딜런

첫 한 주 동안에는 주변에 주파수를 맞춰보자. 들려오는 소리, 때로는 반갑고 때로는 질색인 그 소리를 살펴보자. 그리고 그렇게 집중함으로써 우리 주변의 세계와 연결되고 그 세계와 우리의 관계를 돌아보는 시간을 가져보자.

오늘 하루의 사운드트랙을 기록한다면

주의를 기울여 들으면 주변에 주파수가 맞춰진다. 의식적 듣기의 첫 번째 도구는 주변에서 들려오는 소리다. 당신은 어떤 청각적 환경에 놓여 있는가? 마음을 달래주는 소리인가, 거슬리는 소리인가? 큰 소리인가, 작은 소리인가? 주변의 소리에 귀를 기울이면 우리가 바꾸고 싶은 것이 무엇인지 알게 된다.

우리는 습관의 동물이다. 그래서 아주 유쾌하지 않은 것도 습관이 된다. 예를 들어 아침마다 자명종 소리에 소스라치게 놀란다면 잠깐 새로운 자명종을 구매할 시간을 내서 기분 좋은 음악 소리로 바꿀 수 있다. 하지만 우리는 별것 아니라고 생각하며 매일 질색인 소리를 참는다. 전자레인지의 '땡' 하는 조리 완료 소리도 마찬가지다. 거슬리는 소리지만 알림음일 뿐이니 괜찮다고 여긴다. 이런 식이다. 들리지만 듣지 않으면서 하루를 보낸다.

일상의 사운드트랙은 의식적으로 개선할 수 있다. 약간 돈을 들여 듣기 좋은 자명종 시계를 사면 매일 아침 더 즐거운 세상에서 깨어날 수 있듯이 말이다. 하루 동안 여러 가지 소리를 들으면서 '지금 이 소리는 듣기 좋은가?'라는 질문을 던져보자. 아니라는 답이 나오는 경우가 놀라울 정도로 많을 것이다. 아닌 것을 바꾸면 삶이 더 편안해진다.

선풍기 날개가 끽끽거리며 돌아가서 통화하기가 어렵다면 철물점에 가서 윤활제를 사 오면 된다. 그동안 미뤄왔던 일을 마침내 해결할 시간이다. 윤활제를 발라주면 끽끽거리는 소리는 끝이다. 내내 거슬렸던 소리가 부드러운 바람으로 바뀌고 이제 얼마든지 편하게 통화할 수 있다. 수화기 너머로 내 친구 제니퍼 배시의 목소리가 더 크고 선명하게 들린다. "선풍기를 고쳤구나." 친구도 알아차린다.

자동차 에어컨 바람이 나오는 구멍에 작은 종잇조각이 끼어 펄럭거리고 있다면 드디어 빼낼 시간이다. 종잇조각을 말끔히 제거하고 나니 자동차 안이 훨씬 더 쾌적해졌다. 펄럭거리는 소음 없이 엔진 소리가 안정적으로 들려온다.

쾌적해진 차를 몰고 주차장을 빠져나오니 어디선가 웃음소리가 들린다. 동네 아이들이 농구 연습을 하고 있다. 농구 골대에 공이 쿵 부딪치

잘 듣는 것은 받아들이는 것이다.
_나탈리 골드버그

는 소리가 들린다. 공이 그물을 통과하며 스치는 소리도 느껴진다. 아이들의 웃음소리는 일상에 즐거움이 있음을 알려준다. 우리도 저절로 신이 난다. 즐거운 소리는 즐거운 반응을 일으킨다. 슬픈 소리는 그 반대다. 아이들이 우는 소리를 들으면 저절로 마음이 뭉클해진다. 의식하지 못한다고 해도 우리의 일상에서는 이런 사운드트랙이 늘 돌아가고 있다.

직장까지 운전해 가는데 성급한 운전자들의 경적에 신경이 거슬린다. 이때 '그냥 천천히 가도 되잖아'라는 생각이 든다면 그 소리를 걸러내지 않고 의식한다는 뜻이다. 점심시간쯤에 주변의 소리에 귀를 기울인다면 성당 종소리가 들려올지 모른다. 일을 마치고 늦게 사무실을 나설 때도 그 소리가 들릴 것이다. 집에 돌아온 후에는 좋아하는 음악을 들으며 휴식할 수 있다. 나는 부드럽게 마음을 사로잡는 인디언 플루트 음악을 듣는 것을 좋아한다. 자주 듣는 음반은 마이클 호페가 작곡하고 플루티스트 팀 위터가 연주하는 〈동경〉The Yearning이다.

다정한 소리는 삶을 다정하게 만든다. 다정한 소리가 마음을 달래주면서 사람도 다정해진다. 거친 스타카토 같은 소리를 들을 때는 툭툭 끊어지는 행동을 하게 된다. 그렇지만 부드러운 소리에는 고요히 대응하게 된다. 마음에 와닿는 소리를 주변에 채우면 일상이 더 감동적으로 변한다. 삶의 톤을 부드럽게 하면 주변 세상에 대한 나의 반응도 부드러워진다. 격한 스타카토가 사라진 내 삶도 함께 부드러워진다.

집에서 보내는 저녁 시간에 좋아하는 사운드트랙을 더하면 훨씬 덜 외로울 수 있다. 음악은 흉포한 야수도 달래준다. 좋아하는 음악을 골라 들으면 삶의 질이 달라진다. 그날 하루 뾰족뾰족하게 솟은 감정의 테두리가 사라진다.

음악교육학자 돈 캠벨Don Campbell은 소리 치료 전문가다. 그의 책 《침묵의 외침》The Roar of Silence은 이 분야의 고전이며 이후 출간한 《모차르트 이펙트》The Mozart Effect는 음악이 기분뿐 아니라 IQ에도 영향을 미친다는 점을 설득력 있게 다룬다. 모차르트 음악을 들은 어린이는 더 행복하고 밝아진다고 한 다. 성인 역시 모차르트 음악을 접하면 더 온화해진다는 것이 캠벨의 의견이 다. 시인 존 발로John Barlow는 "음악이 감정 상태를 대변한다는 점을 진지하게 받아들여라. 이 세상에서 당신의 몸을 해방하고 다음 세상에서 당신의 영혼을 구원하라."라고 말했다.

> 종이를 때리는 타자기 소리, 이 얼마나 아름다운 교향악인가를 들어보라. _아비짓 다스

음악은 우리를 한 차원 높이 끌어올린다. 음악학자들은 음악이 신에게 가까이 가게 해주는 최고의 예술이라고 설명한다. 어떤 음악은 정말로 놀라운 경험을 선사한다. 가령 헨델의 〈메시아〉는 감상하는 이에게 예술적 경험을 제공하는 동시에 성스러운 영역으로 인도한다. 파헬벨의 〈카논〉Canon in D은 불안을 달래고 영혼을 위로한다. 프란츠 슈베르트의 〈아베마리아〉는 영혼의 길을 열어 선율이 올라갈 때 듣는 사람도 함께 더 높은 곳으로 끌어올린다.

의식적 듣기의 과정에서 음악은 필수적인 동반자다. 음악의 영향력을 인식하게 되었다면 스스로 즐거운 듣기 프로그램을 만들 수 있다. 소리의 효과에 주의를 기울이며 기분에 맞는 음악을 선택

하는 것이다. 예를 들어 드럼 연주는 성스러움에 다가서게 하는 여행의 음악이라 할 수 있다. 미키 하트와 타로 하트의 〈다시 태어나게 하는 음악〉Music to Be Born By은 우리를 자극하고 에너지를 높였다가 다시금 고요히 가라앉게 한다.

플루트 음악은 외로울 때 친구가 된다. 데이비드 달링과 민속 플루트 앙상블Native Flute Ensemble이 만든 음반 〈제례의 언덕〉Ritual Mesa에는 마음을 빼앗는 선율이 가득하다. 교향악의 웅장한 연주는 또 어떤가. 베토벤의 교향곡 8번과 오페라 〈피델리오〉Fidelio는 굉장하다. 바흐의 〈골드베르크 변주곡〉Goldberg Variations이 펼치는 빈틈없는 멜로디는 우리의 마음을 일깨운다. 우리는 들으면서 동시에 배운다.

귀 기울여 들을 때 우리는 지금 이 순간에 존재한다. 우리는 음표 하나하나가 진행되는 순간에 집중한다. 수많은 스승이 한결같이 '현재에 머무름'의 중요성을 말했다. 틱낫한은 매 순간에 집중하는 것이 얼마나 큰 유익을 가져오는지 설파했다.

틱낫한은 '마음챙김'mindfulness이라는 불교 용어로 말했지만 나는 더 일반적인 표현으로 '마음느낌'heartfeltness이라고 하고 싶다. 매 순간이 열리는 데 귀를 기울이면 저절로 마음에도 귀 기울이게 된다. 모든 판단을 배제하고 내면으로부터 들리는 소리를 듣는 것이다. 틱낫한은 차 한 잔의 좋음에 마음을 기울이며 마시는 사례를 든다. 아마도 우리는 그럴 때 감사한 마음을 느낄 것이다. 좋은 차를 좋은 마음으로 마시며 우리는 그 순간에 존재한다.

허둥대며 사는 사람들이 너무 많다. 그들은 이 일에서 저 일로 뛰어다니며 속도가 생명이라고 믿는다. 하지만 정말 그런가? 속도를 늦추

> 멈춰 서서 귀를 기울여라. 곳곳에 이야기가 있으니. _토머스 로이드 퀄스

면 훨씬 편안한 리듬으로 삶이 이어진다. 자신이 생각하는 소리가 들린다. 우리는 우리 삶의 소리에 귀를 기울여야 한다. 그래야 삶이 더 편안하고 생생해진다.

나를 바꾸는 듣기 연습

하루 동안의 사운드트랙을 기록해보세요. 시작은 알람 소리가 되겠죠. '이 소리는 즐거운가, 기분이 나쁜가?'라고 물어보세요. 커피가 준비되었음을 알려주는 타이머, 아침 식사가 다 데워졌다는 전자레인지의 신호음에도 귀를 기울여보세요. 아침의 소리는 어떤 느낌인가요?

출근길의 지하철 소리는 어떤가요? 운전해서 간다면 경적 소리가 요란하지는 않은지 귀 기울여보세요. '덜 복잡한 다른 길로 갈 수는 없을까?' 질문해보세요. 출근길에 들리는 소리를 기록해보세요.

매일 점심을 해결하는 식당에선 어떤 소리가 들리나요? 와글와글 번잡하다면 조금 더 조용한 곳은 없을지 적어보세요.

___

이렇게 하루 동안 들리는 소리와 그에 대한 당신의 반응을 차례로 기록합니다. 하루가 끝나면 발견한 것들을 정리해보세요. 듣는 경험을 더 좋게 만들기 위해 어떤 변화가 필요할까요? 당신의 두 귀를 제대로 보살펴줘야 한다는 걸 기억하며 필요한 변화를 적어보세요.

___

무던해진 소리를 그냥 지나치지 말라

"주변의 소리를 통제할 수 없다면 어쩌죠? 그래서 그 소리를 걸러낼 수밖에 없다면요?"

종종 이런 질문을 받곤 한다. 주변의 소리 걸러내기는 연결이 아닌 분리의 습관을 만든다. 걸러내려면 잡아내는 것보다 훨씬 많은 에너지가 필요하다는 점을 우선 말하고 싶다. 소리를 잡아내는 것은 의식하는 태도를 만들고 그 의식으로부터 우리는 변화를 이루거나 최소한 시도할 수 있다.

사례를 들어보자. 우리 개 릴리에게는 멋진 마당이 있다. 언덕이며 키 큰 나무, 화단이 갖춰진 마당이다. 식물들 사이로 돌길이 놓여 있고 나무 데크가 집 뒤쪽 개 출입구까지 이어진다. 집 주변에 담장이 쳐져 있지만 릴리의 입장에서는 담장 안쪽만 해도 얼마든지 탐험하

자연의 속도를 따르라. 그 비밀은 바로 인내다. _랠프 월도 에머슨

고 놀 수 있는 천국이다. 다만 담장의 맞은편이 이웃집이라는 게 문제다. 게다가 릴리는 많이 짖는 개다.

밤 9시가 되면 나는 개 출입구를 닫고 릴리가 나가지 못하게 한다. 그러면 릴리는 못마땅해서 문간에 앉아 끙끙거린다. 하지만 나가게 했다가는 힘껏 짖어댈 게 뻔하고 이웃에게 방해가 될 것이다.

"릴리, 조용히 해!"

내가 말한다. 내 동료인 엠마는 개들이 어휘를 아주 많이 알고 사람 말을 대부분 이해한다고 한다. 하지만 릴리에게 '조용히 해!'는 먹히지 않는다. 알아들었다면 반항하고 있는 것이다. 릴리가 분명히 알아듣는 내 말은 이런 것이다. "릴리! 연어 간식이야!" "좋아, 됐어." "이따 보자." "잘 시간이야."

아직 잘 시간이 아니라 그런지 릴리는 내 말이 불만스럽다. 나는 지지 않기로 한다. 짖지 않게 해야 한다. 릴리가 고집을 부린다면 나도 그러리라. 개 훈련 전문가에게서 "테리어 종은 많이 짖습니다. 영역 본능이 강해서요."라는 말을 들은 적이 있다. "우리도 테리어에겐 못 당합니다."라고 고백한 전문가도 있다. 그러니 릴리

가 괜히 미운 짓을 하는 것은 아니다. 테리어로서 본능에 충실할 뿐이다.

릴리가 안락의자로 뛰어올라 경계 자세를 취하더니 으르렁대며 불만을 표현한다.

"릴리, 조용히 해!"

내가 다시 말한다. 흥미가 떨어진 릴리는 갑자기 한숨을 쉬더니 아래로 내려와 길게 눕는다.

나는 일흔한 살이고 사람보다는 개와 주로 대화를 나누는 별난 할머니가 되지 않으려 늘 조심하는 편이다. 하지만 이번에는 릴리가 먼저 대화를 시작한다. 갑자기 벌떡 일어나더니 집 밖에서처럼 크게 짖기 시작한 것이다.

"멍! 멍멍!"

쩌렁쩌렁 울리는 소리다. 뭔가에 자극받은 모양이다. 나는 창밖을 내다보지만 담장이 2미터나 되는 탓에 바깥이 보이지 않는다. 우리 집

누가 듣든, 어떻게 생각하든 새들처럼 노래하고 싶다. _루미

담장은 코요테나 곰, 사슴을 효과적으로 막아준다. 스컹크나 주머니쥐가 담장을 타고 기어올라 간혹 안으로 들어오기는 한다. 창문에 가까이 가서 보자 스컹크 두 마리가 서커스라도 하듯 줄무늬 꼬리로 균형을 잡으며 담장을 기어 내려오고 있다. 릴리가 공격적으로 짖는다. '어서 한판 붙게 해줘!'라고 말하는 것 같다. 릴리를

안에 들여놓은 것이 다행이다. 작은 테리어 혼자서 저렇게 큰 야생 스컹크 두 마리를 상대하기는 불가능하다.

"릴리! 연어 간식이다!"

나는 냉장고를 두드리며 릴리의 주의를 돌리려 한다. 하지만 릴리는 고집스럽게 스컹크에만 집중한다. 10분, 20분, 30분···. 짖는 소리가 이어진다. 내 신경도 함께 날카로워진다. 이웃들이 얼마나 시끄럽다고 할지 걱정스럽다. 10시 이후에는 짖지 못하게 단속하겠다고 말해두었는데 벌써 9시 15분이다. 릴리는 도무지 멈출 기미를 보이지 않는다.

> 우리가 생각하는 중이라고 여기는 시간의 절반은 사실 귀 기울여 듣는 시간이다. _테런스 매케나

나는 다시 냉장고로 가서 릴리가 제일 좋아하는 연어 간식을 꺼낸다. 릴리 옆으로 가져가 코에 대고 흔든다. 통했다! 릴리가 입을 다물고 간식을 낚아챈다. 딱 적절한 순간의 간식이었던 것이다.

"착하다, 릴리."

나는 릴리의 머릿속에 이 어휘가 들어 있기를 바라며 최대한 부드러운 투로 칭찬한다. 그리고 안락의자로 물러나 앉는다. 릴리는 개 출입구 근처로 가서 간식을 먹으며 으르렁거린다. 그래도 으르렁거리는 소리는 짖는 소리보다 훨씬 작다. 9시 30분이다. 짖기를 멈춰야 하는 시간까지 30분이 남았다. 다시 창문에 코를 박고 살피니 다행히 스컹크들은 사라지고 없다.

"릴리, 잘 시간이야."

릴리는 마지못해 자리에서 일어나 내 뒤를 따라 침실로 향한다.

나를 바꾸는 듣기 연습

통제할 수 없는 주변의 소리 세 가지를 써보세요.

각각의 소리에 집중해서 들어보세요. 어떤 감정이 떠오르나요? 당신을 불안하게, 화나게, 예민하게 만드는 소리인가요?

그 소리를 바꾸기 위해 뭔가 시도해볼 만한 일이 있을까요? 아니라면 피할 방법은 무엇인가요? 걸러내지 않고 해결할 수 있는지 생각해보세요.

날씨에 귀 기울이면 알 수 있는 것들

우리의 청각 환경은 대단하다. 귀를 기울이기만 하면 거기에 정보가 넘쳐난다는 걸 알게 된다. 환경에 주의를 기울이는 가장 쉬운 방법은 계속 변화하는 날씨 소리를 듣는 것이다. 오늘 나는 그것을 시도하려 한다.

산책할 시간을 내고 릴리의 목걸이에 줄을 끼운다. 돌아올 시간에 맞춰 알람을 설정한 후 밖으로 나간다. 공기 중에서 비릿한 오존 냄새가 난다. 폭풍이 다가오고 있다는 신호다.

"릴리, 이쪽으로."

나는 제일 짧은 길인 내리막으로 향한다. 릴리가 줄을 당긴다. 더 빨리 가고 싶다는 뜻이다. 나는 서두르고 싶지 않아 줄을 뒤로 당긴다.

지상의 시는 절대로 죽지 않는다.
_존 키츠

산 너머 동쪽에서 천둥소리가 난다. 릴리의 뜻대로 움직여야 할 모양이다. 서두르면 마음먹은 대로 한 바퀴를 다 돌 수 있을 것이다. 릴리가 뛴다. 나도 가볍게 뛰면서 반환점까지 간다.

"릴리, 집으로."

나는 뒤돌아 오르막을 걷기 시작한다. 잠깐 멈췄던 릴리도 돌아선다. 두 번째 천둥소리가 울리고 우리는 서둘러 집으로 향한다. 걷기에 딱 좋게 바람이 시원하다. 비구름은 아직 봉우리 위에 머물러 있다. 릴리가 길 앞을 가로막는 도마뱀 두 마리에게 덤벼든다. 릴리가 날쌔긴 해도 도마뱀이 더 빠르다. 금방 바위 아래로 숨어버린다. 릴리는 킁킁거리며 계속 바위 냄새를 맡는다.

"자, 가자. 얼른 움직여야 해."

나는 목줄을 당기며 타이른다. 릴리가 마지못해 사냥을 포기한다. 도마뱀은 개에게 달팽이 요리 같은 걸까 궁금해진다. 다시 산을 오른다. 흙길이 거의 끝났을 때 갑자기 바람이 휙 불어온다. 릴리는 걸음을 멈추고 바람결에 실려 온 냄새를 맡는다. 뭘까? 사슴? 곰? 코요테? 야생 동물의 냄새인지 릴리가 으르렁거린다.

"어서 가자. 집으로!"

나는 단호한 투로 말한다. 릴리가 앞으로 달려가며 목줄을 끝까지 당긴다. 더 빨리 가자는 뜻이다. 릴리는 '집으로!'를 알아듣는다.

집 대문에 들어서자 릴리는 정원을 돌아다닌다. 백합 냄새를 맡고 코에 향기를 가득 채운다. 보기 힘든 줄무늬 도마뱀이 라벤더 덤불 아래로 숨어들지만 모른 척한다. 도마뱀에 대한 흥미는 그때그때 다른 모양이다.

"릴리! 연어 간식 먹자!"

나는 릴리를 안으로 끌고 들어가려고 유혹한다. 릴리의 머릿속 생각이 보이는 듯하다. '정원에서 계속 놀까? 아니면 연어를 먹을까? 연어지!' 릴리가 나보다 앞서 냉장고로 달려간다. 내가 냉장고 문을 열고 훈제 연어 포장을 벗긴다. 릴리는 뒷다리로 서서 간식을 재촉한다.

또다시 천둥소리가 들린다. 뿌듯하다. 폭풍이 오기 전에 산책을 끝낸 것이다. 멀리서 다시 천둥이 친다. 먹구름이 산 위에서 내려온다. 나는 식탁 위에 촛불을 켜둔다. 손전등도 곳곳에 놓아둔다.

어제 몇 시간 동안 전기가 나갔기 때문이다. 산속에서는 정전이 흔한 일이다. 오늘은 준비가 되었다. 릴리가 내 발밑에 엎드린다. 폭풍이 무서운 것이다.

뉴멕시코의 폭풍은 극적이다. 찻길이 잠길 정도로 비가 쏟아진다. 운전자들은 비상등을 켜고 길가에 서서 폭풍이 지나가기를 기다린다. 휴대전화에는 경보 신호가 뜬다. 흙길은 강으로 변하고 포장도로에는 15센티미터 이상의 깊은 웅덩이가 생긴다. 폭풍을 뚫고 이동하려는 무모한 운전자들은 차선을 제대로 지키며 운전하기가 불가능하다.

나는 안전한 집 안에서 지붕을 때리는 빗방울 소리를 듣는다. 배수관으로 빗물이 콸콸 흘러내린다. 천둥소리가 가까워지자 릴리가 조심스럽게 으르렁거린다. 정원의 백합은 거센 바람에도 꼿꼿하다. 약한 식물이라 생각했는데 놀랍다.

릴리는 거실의 탁자 아래로 숨는다. 지붕에서 울리는 날카로운 빗소리가 싫은 것이다. 천둥소리까지 더해지자 불안해한다. 릴리가 내 옆에 바짝 붙는다. 친구와 쉼터가 필요하다는 뜻이다. 다시 천둥이 치자 릴리는 몸을 떤다. 벼락이 하늘을 가른다. 또 천둥이 우르릉거린다.

릴리와 함께 살면서 나는 개의 여러 심리 상태에 익숙해졌다. 햇살 맑은 날을 제외한 모든 날씨가 릴리를 자극한다. 눈, 진눈깨비,

우박, 비는 적이다. 집에는 숨을 곳이 많다. 거실 탁자 아래, 옷장 뒤쪽, 침대 시트 속 등. 지금처럼 폭풍이 심하면 릴리는 천둥소리를 지우려는 듯 끙끙거리기도 한다.

폭풍이 심해진다. 내 발아래 웅크리고 있던 릴리가 갑자기 한곳을 주시한다. 도마뱀이다. 개 출입문을 통해 집 안에 들어온 모양이다. 릴리가 풀쩍 뛰며 공격한다. 도마뱀이 도망치자 릴리가 다시 공격한다. 사냥이 몇 시간이고 이어진다. 덕분에 릴리가 폭풍에 주의를 덜 기울이게 되었다. 하지만 나는 그 사냥

이 결국 도마뱀의 죽음으로 끝날 것을 알기에 그대로 지켜보기가 힘들다. 릴리가 다른 방으로 갔다가 조용해진 다음에 다시 나온다. 예상대로 도마뱀이 죽어 있다. 장난감을 잃어버린 것이다. 나는 조심조심 도마뱀을 집어 올려 치운다.

대단한 폭풍이다. 비가 지붕을 두들긴다. 밤새 퍼붓는 비에 나는 잠을 설친다. 전등 하나를 켜둔다. 새벽이 오면서 비가 잦아든다. 백합은 여전히 꼿꼿하게 서 있고 장미는 젖은 머리를 숙이고 있다. 세상이 한바탕 얻어맞았다.

궂은 날씨에는 공간을 채우는 소리를 듣는다

다음 날 아침 우리 집으로 이어지는 흙길은 진창으로 변해 있다.

릴리를 산책시킬 수가 없다. 애써 설명하지만 그래도 릴리는 나가고 싶어 한다. 흙이 좀 마르면 나가자고 달랜다. 폭풍이 마지막 빗방울을 뿌리고 있다. 비가 완전히 그치자 릴리는 밖으로 나간다. 도마뱀 사냥을 하려는 모양이다. 돌아온 릴리는 주둥이에 불쏘시개 조각을 물고 있다. 도마뱀만큼 맛이 좋지는 않아도 신나게 씹어대기에는 괜찮은가 보다.

평온한 하루다. 릴리는 실컷 씹어댄 불쏘시개를 바닥 깔개 위에 버려두고 도마뱀을 찾아다닌다. 하지만 집 안에 도마뱀은 없다. 릴리는 옷장 뒤로 들어갔다가 내가 부르자 마지못해 나온다. 아마 전략적인 매복이었나 보다. 조용히 기다리면 겁 없는 도마뱀이 기어나올 것이라 예상했는지도 모른다.

나는 커피를 진하게 한 잔 내린다. 커피메이커가 보글거리고 피식 소리를 낸다. 그 소리가 도마뱀 없는 집 안을 가득 채운다. 릴리는 다시 거실을 샅샅이 살핀다. 그러다 내 옆으로 와서 낮잠을 청한다. 부드러운 몸통을 토닥여주니 귀찮은 듯 꿈틀거린다. 도마뱀은 포기하고 푹 잘 작정인 것 같다.

나는 부엌으로 가서 커피메이커 전원을 내린다. 이제 시계 소리가 선명하게 들린다. 째깍, 째깍. 커피를 잔에 따라 들고 릴리 대신 내가 도마뱀 사냥에 나선다. 주의를 집중해 어디서 사각대는 소리가 나지 않는지 확인한다. 진한 커피로 온 신경이 곤두서니 도마뱀

이 금방 나타날 것만 같다. 도마뱀은 아무 해가 없는 존재인 걸 알

지만 커피 때문인지 신경을 쓰게 된다. 바람이 다시 거세지고 있다. 잣나무 가지가 창문을 요란하게 때린다. 릴리가 잠에서 깬다. 릴리는 바람을 좋아하지 않는다. 다시 옷장 뒤에 숨어 바람 소리가 잦아들기를 기다린다.

우리 집에 오는 손님들은 "정말 고요한 곳이군요."라고 말하곤 한다. 그러면 나는 "바람 부는 날은 안 그래요."라고 답한다. 우리 집은 큰길에서 조금 떨어져 있다. 내가 "트럭 소리 들려요?"라고 물으면 손님들은 전혀 안 들린다고 한다. 그들의 귀는 자동차 소리를 잡아내지 못한다. 듣는 데 집중하며 시간을 보내는 내 귀는 손님들보다 날카롭다.

날씨가 가르쳐준 삶의 태도

나는 동쪽 하늘이 막 밝아오는 이른 시간에 일어난다. 밤에 다시 비가 내렸고 지금은 부옇던 하늘이 다시 검어지고 있다. 릴리는 신경이 곤두서서 집 안을 돌아다닌다. 원래 폭풍을 싫어하는데 갑자기 천둥이 쳐대는 이번 폭풍은 더 질색인 모양이다. 뉴멕시코의 여름철 우박 폭풍은 갑작스럽고 거세다. 릴리는 내 옆에 붙어 불안감을 삭이려 한다.

"괜찮아, 릴리."

내가 말한다. 하지만 상황은 아직 끝나지 않았다. 별안간 두 번째 천둥이 거세게 울린다. 작은 얼음 폭탄들이 두두둑 드럼 소리를 내며 떨어진다. 나는 우박 소리가 듣기 좋지만 릴리는 그렇지 않다. 큰 창문 밖을 내다보려고도 하지 않는다.

"그냥 우박이야."

내가 달래준다. 폭풍을 한눈에 감상할 수 있게 해주는 큰 창문이 고맙다. 창문으로 내다보니 작은 대리석 같은 우박 조각이 정원에 가득하다. 세 번째 천둥이 치면서 아직 폭풍이 끝나지 않았음을 알려준다. 나는 제일 큰 창문 앞으로 가서 폭풍이 실어 온 작은 화물들을 바라본다. 우박은 비보다 더 신기하고 눈보다 더 오묘하다.

릴리는 내 감동에 동참하지 않고 거실 탁자 아래로 숨어버린다. 시작될 때처럼 갑자기, 한순간에 우박이 멈춘다. 릴리는 아직 안심하지 못한다. 릴리를 불러 품에 안고 안심시킨다. 정원 쪽 창문으로 멋진 풍경이 보인다. 나는 릴리와 함께 창 앞으로 간다.

"괜찮아."

내가 말한다. 릴리가 꿈틀거리며 내 품으로 파고든다.

"괜찮아."

다시 최대한 부드럽게 말한다. 우리는 함께 창밖을 바라본다. 폭풍이 남긴 은색 담요는 곧 녹아 사라질 것이다.

"우박이야, 릴리."

릴리에게 속삭인다. 우리는 안락의자에 편안히 몸을 의지하고 함께 있음을 즐긴다. 산 쪽으로 난 큰 창에서는 햇살이 비치고 있다. 정원 쪽 창밖에서는 얼음 조각이 햇빛을 받아 빛난다. 우박은 다시 떨어지지 않는다. 부엌 시계 소리가 갑자기 크게 들린다.

황혼이 평소보다 더 빨리, 더 어둡게 찾아온다. 나는 친구들을 만나러 마을로 갈 작정이다. 차에 올라타자 굵은 비 몇 방울이 앞 유리창에 뚝뚝 떨어진다. 차를 빼자 점점 더 빗소리가 커진다. 그냥 비가 아니다. 비 내리는 속도가 계속 빨라지더니 결국 얼음 조각만 한 우박이 다시 떨어지기 시작한다. 거대한 손이 하늘에서 얼음 틀을 신나게 흔들어대는 듯하다.

고속도로에 들어서자 더 큰 우박이 더 빨리 떨어진다. 얼음 조각이 주먹만 한 눈 공이 되어 떨어지고 있다. 몇 킬로미터 못 가서 집으로 되돌아가기로 한다. 차고까지 안전하게 돌아가기만을 바라는 마음이다. 폭풍의 기세가 하도 맹렬해 차 유리가 박살 나지 않을까 걱정이다.

집으로 돌아와 차고 문을 작동시키고 차를 집어넣는다. 경보음이 울린다. 우박 때문에 오작동하는 모양이다. 비밀번호를 두 번 입력하자 경보음이 그친다. 릴리가 문간으로 달려와 나를 맞이한다. 우박이 다시 떨어지니 불안했던 모양이다.

"괜찮아."

릴리는 안심하지 못하고 내 다리 근처에서 맴돈다. 창가로 가서 밖을 내다본다. 우박이 당구공처럼 곳곳에 떨어져 있다. 천둥이 계속 우르릉거린다.

"정원이 엉망이군."

창문으로 내다보니 전체가 얼음에 덮여 하얗다. 백합은 여전히 꼿꼿하게 서 있지만 장미는 축 처졌다. 아이리스는 그럭저럭 버티고 있지만 라일락 덤불은 잔뜩 얼어맞고 늘어진 상태다.

주의 집중은 우리가 끝없이 이어가야 할 과업이다. _메리 올리버

교훈을 얻었다. 빗소리가 유난히 크고 강하면 우박이 온다는 뜻이다. 앞으로는 그럴 때 차를 몰고 나가지 않을 것이다. 우박 폭풍은 무섭다. 유리구슬이 아닌 얼음 공이 대지를 강타한다. 전화벨이 울린다. 저녁 약속에 못 온다는 친구의 연락이다. 아내와 산책을 나섰다가 우박을 만났다고, 다행히 지나가는 차가 태워준 덕분에 무사했다고 한다. 친절한 이방인에게 구원받은 것이다.

다음 날 아침, 햇살이 내리쬤다. 얼음은 간데없이 사라졌다. 나는 친구인 닉 카푸스틴스키에게 전화를 걸어 점심 약속을 잡는다. 산 아래로 운전해 내려오면서 우박 맞은 나무들을 보니 가슴이 아프다. 과일나무의 분홍색, 하얀색 꽃들이 우박 세례를 받아 갈색으로 변해 있다.

"내년에는 더 잘 자랄 거야."

나는 혼잣말을 한다. 올해에는 나무들이 우박의 희생양이 되었다. 폭풍의 풍경을 즐겼던 스스로가 죄스러워진다. 은색 얼음 담요는 가혹한 녀석이었다. 폭풍을 무서워했던 릴리가 옳았다.

서쪽으로 돌아 복잡한 길로 들어서면서 차가 개나리 덤불을 지난다. 어제만 해도 밝은 노란색이었는데 우박이 그 빛을 빼앗아버렸다. 하지만 라일락 덤불은 여전히 보랏빛 색을 당당히 유지하고 있다. 폭풍을 이겨낸 것이다. 그다음에 나온 붉은꽃사과나무 또한 여전히 화사한 자태를 뽐내고 있다. 보라색 꽃은 우박을 잘 견디는 걸까? 우리 정원의 보랏빛 아이리스도 다시 고개를 들고 당당해졌다. 내 생각이 맞는 것 같아 즐겁다. 제왕의 색인 보라는 굴복하는 법이 없다.

더 가다 보니 다시 라일락이 나오면서 내 적자생존 이론이 다시 검증 절차를 거친다. 과수원에서 정성껏 가꾼 살구나무와 배나무는 갈색으로 변했지만 길가의 붉은꽃사과나무는 보랏빛을 유지하고 있다. 살구나무는 초라한 모습인데 사과나무는 생기가 넘친다. 우박은 폭군이다. 다음번에 다시 우박이 내리면 나는 복잡한 심정이 될 것 같다.

닉과 나는 제일 좋아하는 장소인 샌타페이의 한 식당에서 만난다. 늘 맛 좋은 음식을 내놓는 집이다. 타코와 엔칠라다를 먹으면서 닉은 우박 폭풍이 칠 때 밖으로 나가서 차에 방수포를 씌우는 바보 같은 짓을 했다고 말한다. 차체가 찌그러질까 봐 그랬단다.

"운이 좋았지. 머리에 우박이 떨어졌으면 피가 철철 났을 텐데 말이야."

"정말 운이 좋았군."

나는 응수하며 남성미 넘치는 그가 실은 얼마나 약한 존재인지 생각한다. 우박은 지나갔지만 그 흔적은 남았다. 어린 시절 겪은 토네이도처럼 우박도 격렬하고 예측 불가능했다. 내 차 앞 유리는 다행히 무사했으나 후드 부분에 움푹 들어간 구멍들이 생겼다.

"꼭 다시 펼 수 있을 거야. 혹시 안 될지도 모르지만. 방수포가 효과가 있었는지 내 차에는 구멍이 안 생겼어. 다행이라고 해야 하나?"

아직 캄캄한 새벽에도 빛을 느끼고 노래하는 새. 그것이 믿음이다.
_라빈드라나트 타고르

닉이 말한다. 나는 닉에게 우박 폭풍 때문에 릴리가 얼마나 불안해했는지 말해준다. 그러자 닉이 미소를 지으며 자기 경험을 이야기한다.

"우리 고양이도 그러더군. 폭풍이 시작될 때 밖으로 나갔다가 뛰어 들어와서는 '이게 무슨 일이야? 좀 해결해봐'라는 표정으로 날 보더라니까."

'그렇지. 정확한 표현이야.'

나는 생각한다. 우박은 신이 하는 일이다. 인간은 해결할 수가 없다. 갑자기 폭풍이 난폭하게 시작되었다가 순식간에 사라지는 현상은 뉴멕시코의 매력 중 하나다. 바람이 극적으로 일었다가 잦아든다. 습기도 오래 머물지 않고 흙은 금방 마른다. 우박으로 온 세상이 얼음 나라로 바뀌었다가도 다음 날 아침이면 뜨거운 여름날로 되돌아온다. 부러진 나무와 움푹 들어간 차들이 폭풍이 지나갔음을 보여줄 뿐이다.

점심을 먹고 집에 돌아오니 릴리가 방에 들어가 소파에 웅크리더니 곧 잠이 든다. 나도 그 옆에 자리를 잡고 모닝 페이지를 펴 지난 며칠의 날씨를 기록한다. 맑다가 구름 낌, 비가 내리고 우박이 쏟아짐, 사방에 얼음이 덮였다가 해가 남. 우박이 떨어질 때 울리던 금속성의 커다란 소리를 떠올린다. 자연의 그 많은 소리를 하나하나 되새기는 동안 릴리는 편안히 잠을 잔다.

나를 바꾸는 듣기 연습

펜을 들고 날씨를 기록해보세요. 맑은 날, 안개 낀 날, 해 나는 날, 비 오는 날 등 간단히 기록해도 좋습니다.

_____

날씨가 주변에 어떤 영향을 미치나요?

_____

당신의 기분에는 어떤 영향을 미치나요? 당신은 '날이 흐려서 찌뿌둥하다' 또는 '맑아서 마음도 상쾌하다'라고 생각하는 유형인가요?

날씨와 함께 들은 소리도 함께 기록해보세요.

내 주변 세상과 주파수를 맞추는 연습

주의 깊게 듣는 행위는 우리를 주변의 소리와 접하게 하고 이어 주변과 더 깊게 만나게 한다. 잠시 멈춰 서서 머리 위쪽 나무의 이 파리들이 부딪히는 소리를 듣게 되면 이내 고개를 들고 자세히 살 펴보기 시작한다. 그래서 듣기는 '연결'이다. 주변의 모든 것과 연 결되는 행위다.

여름이 가을로 바뀌면 뉴멕시코의 나뭇잎들은 선명한 초록빛에 서 구릿빛으로 변해간다.

"가자, 릴리. 차에 타는 거야."

릴리가 차 뒷좌석으로 뛰어오르더니 양털 깔개 위에 편안하게 자리를 잡는다. 나는 차를 후진하며 릴리에게 설명한다. 산길을 따라 올라가 사시나무가 오후 햇살에 황금색으로 빛나는 곳까지 갈 거라고.

"무서울 거야. 커브 길이 많아."

미리 주의도 준다. 우리는 출발한다. 흙길을 따라 올라가다가 오른쪽으로 급회전하고 다시 왼쪽으로 꺾는다. 갑자기 산 아래로 내려가는 포장도로에 들어선다. 튼튼한 내 차가 안정감 있게 도로 위를 달린다. 옛 타오스 고속도로인 이 포장도로는 새 고속도로와 나란히 이어진다. 높은 벽돌담이 사이를 가로막고 있다지만 바로 옆 도로의 차들이 달리는 소리를 줄여주지는 못

바람에 흔들리는 나무들 소리를 들어라. 그들의 언어는 사라졌지만 동작은 남아 있다. _베라 나자리안

한다. 식료품을 운반하는 트럭이 요란한 소리를 내며 스쳐 지나간다. 승용차들이 트럭을 추월한다. 고속도로의 속도제한은 시속 105킬로미터다. 벽 너머 내 쪽은 시속 24킬로미터다. 언덕을 오르자 두 길 사이가 멀어지기 시작한다. 이제 나도 시속 64킬로미터로 달릴 수 있다. 고속도로 소리가 점점 희미하게 들린다.

더 기니 교통 신호등이 등장한다. 이것은 차가 도시에 들어가고 있다는 의미다. 좌회전과 우회전이 모두 신호로 지시된다. 옛 타오스 고속도로는 샌타페이 우체국에서 끝난다. 도시의 거리답게 자동차 경적이 여기저기서 울린다.

우리는 시끄러운 도시를 통과해 계곡을 지나 큰 산 쪽으로 향한

다. 급회전 길이 시작된다. 시속 16킬로미터 속도제한이 있는 곳도 있다. 나는 속도제한을 잘 지키며 운전한다. 뒤따라오는 렉서스 한 대가 짜증이 나는지 속도제한이 높아질 때마다

별 만 개에게 춤추지 않고 가만히 있는 법을 가르치느니 새 한 마리에게 노래하는 법을 배우리라.
_에드워드 에스틀린 커밍스

경적을 울리며 재촉한다. 결국 렉서스는 짧은 직선 구간에서 나를 추월하고는 멀리 사라진다.

"괜찮니, 릴리?"

내가 묻는다. 양털 깔개에 편하게 누운 릴리는 회전구간이 나오면 앞다리로 중심을 잡는다. 회전할 때마다 우리는 높이 더 높이 올라간다. 향나무와 잣나무를 지나 자작나무 군락지를 통과해 마지막 회전을 하고 나니 갑자기 황금빛 사시나무들이 주위를 둘러싼다.

"릴리, 사시나무야!"

내가 외친다. 황금 불꽃이 하늘까지 닿은 촛불들 같다. 우리는 한동안 그 장관을 구경한다. 가벼운 바람이 나뭇잎을 흔든다. 몇 개가 땅으로 떨어진다. 황금빛 샤워다. 감탄하지 않을 수 없을 정도로 아름답다.

이제 산을 내려가 집으로 갈 시간이다.

"정말 대단한 풍경이지, 릴리?"

릴리보다는 나 자신에게 던지는 질문이다. 혼자 살면서 나는 개

와 대화하는 습관이 들었다. 그리고 릴리는 점점 더 많은 단어를 알아듣는다. 그렇게 보이는 것뿐인지도 모르지만. 하지만 '연어'나 '간식'이라는 말에는 확실히 즉각 반응한다. 엠마는 릴리가 '차'라는 단어도 알아들을 것이라고 주장한다. 산책할 때 보면 '집으로'도 아는 것 같다.

"집으로, 릴리."

차고에 진입하면서 내가 말한다. 릴리는 드라이브를 더 하고 싶은 모양이다. 녀석을 안아 내리면서 "연어 간식?"이라고 말하니 바로 집으로 달려간다. 나도 뒤따라가 부엌 냉장고를 열고 훈제 연어를 꺼낸다. 릴리는 금세 연어를 먹어치우고는 고맙다고 내 손가락을 핥아댄다.

째깍째깍. 부엌 시계가 시각을 알려준다. 두 개의 공간을 지난 거실에서도 들리는 소리다. 릴리의 목걸이가 물그릇에 부딪혀 쩽그랑거린다. 신나게 물 마시는 소리에 시계 소리가 가려진다. 달이 보이지 않는 어두운 밤이다. 정원에서는 선명하게 반짝이는 별만 보인다. 별을 바라보고 있노라니 낮에 본 이파리들이 떠오른다. 그런 대단한 풍경을 볼 때마다 나는 더 큰 세상이 나를 떠받쳐준다고 느낀다. 그리고 작은 모험 하나가 연결의 감각을 얼마나 높여줄 수 있는지에 대해 생각한다.

주변 세상과의 연결을 깨닫게 해주는 모험 여행을 떠나보세요. 도시나 시골, 산이나 바다 어디든 좋습니다. 소리에, 주변 풍경에 주파수를 맞춰보세요. 더 큰 세상, 자연과 연결되었다는 느낌이 드나요? 연결을 의식하려고 노력하는 동안 떠오르는 생각들을 기록해보세요.

주변 세상에 손을 뻗을수록 세상도 나에게 다가온다는 느낌이 드나요? 전보다 더 잘 의식하게 되었다는 느낌은요? 다시 일상으로 돌아온 후에도 그 감각을 기억해보세요.

상상으로 듣는 것도 도움이 된다

산봉우리에 눈이 쌓여 있다. 아래쪽은 아직 더운 날씨라 두꺼운 외투가 필요 없다. 집 앞 흙길이 다 말랐지만 릴리는 조심조심 걷는다. 나도 그렇다. 새 신발을 신었기 때문이다.

"이리 와, 릴리."

나는 릴리를 재촉한다. 릴리가 친구 오티스의 놀이터 앞에 멈춰

섰다. 어제는 오티스가 프리스비를 쫓으며 자유롭게 놀았지만 오늘은 묶여 있다.

"릴리, 가자니까."

하지만 릴리는 오티스를 만날 작정인가 보다. 어쩌면 목줄이 늘어나는 한도 내에서 자유를 누리려는 것인지도 모른다.

"얼른! 릴리!"

릴리의 목줄을 잡아당긴다. 차 한 대가 다가오고 있다. 위험을 감지한 릴리가 복종한다. 얼른 내게 붙어 선다. 차 운전자가 손을 흔든다. 머리 위에서 까마귀 한 마리가 울음소리를 낸다. 전봇대 위에 앉은 까마귀다. 릴리가 멈춰 선다. 소리는 들리는데 까마귀가 보이지 않기 때문이다.

"가자니까."

나는 다시 말한다. 두 번째 까마귀가 전봇대 위에 날아와 앉는다. 요란스러운 울음소리에 릴리가 다

귀뿐만 아니라 눈으로도 들어라.
_그레이엄 스피츨리

시 집중한다. 앞발로 땅을 파면서 긴장한다. 오늘 산책은 자꾸만 중단된다. 토끼 한 마리가 시야에 들어온다. 릴리는 목줄이 닿는 거리까지 뒤쫓아 간다. 릴리만 한 몸집을 가진 토끼가 덤불 아래로 뛰어든다. 나는 목줄을 당긴다. 릴리는 내 산책 동무 역할을 해야 하니 말이다.

비둘기 한 쌍이 통신선 위에 앉는다. 우리가 그 아래를 지나가도

비둘기들은 꼼짝하지 않는다. 안전한 높이라는 걸 알기 때문이다. 릴리가 내 옆에서 보조를 맞춰 걷는다. 내가 산책을 이끈다는 걸 인정한 모양이다. 우리는 얼마 전 사슴을 보았던 풀밭을 지나간다. 또 나타나지 않을까 릴리가 주의를 집중하지만 오늘은 사슴이 없다. 까마귀와 토끼가 그날 걷기에서 만난 동물들 전부다.

나를 바꾸는 듣기 연습

자갈 깔린 길을 차가 지나갈 때 나는 소리를 상상해보세요. 상상 속에서 목줄을 잡고 개를 끌어당겨 보세요. 자동차가 오는 소리가 얼마나 생생하게 들리나요? 상상 속에서 들리는 소리를 적어보세요. 또는 과거의 기억을 구체적으로 떠올려보고 그때 들었던 소리를 적어보세요.

모닝 페이지, 아티스트 데이트, 걷기를 계속하고 있나요? 이번 주에는 몇 번 정도 시도했나요?

_____

의식적으로 주변에 귀를 기울여보니 무엇을 발견했나요?

_____

_____

_____

주변 세상과 연결되었다고 느꼈나요? 그 느낌을 구체적으로 적어보세요.

_____

_____

_____

기억에 남은 듣기 경험을 하나 떠올려보세요. 어떤 깨달음의 순간이 있었나요?

_____

_____

_____

The Listening Path

타인의 말 속에서
새로운 생각을 발견하는 법

훌륭한 사람이라야 잘 들을 수 있다.

_캘빈 쿨리지

이번 주에는 주변의 소리를 듣는 습관 위에 다른 이들에게 귀 기울이는 습관을 쌓아 올려보자. 당신은 상대가 말하고 있을 때 귀 기울여 듣지 않고 대답할 말을 생각하거나 상대의 말을 가로막곤 하는가? 반응 없이 그저 듣기만 하거나 듣지 말아야 할 말에 귀를 기울이지는 않는가? 이미 훌륭하게 잘 듣고 있다고 해도 더 주의 깊게 들을 수 있다. 그리고 이런 듣기를 통해 가까운 이들에게서 뜻밖의 통찰을 얻을 수 있다.

다른 이들의 말에 귀를 기울일 때 우리는 그들과 연결된다. 이 장에서는 그런 듣기를 다루고자 한다. 그리고 잘 듣는 이들의 말에도 귀를 기울이려 한다. 그들의 통찰이 내 것과 합쳐지도록 말이다.

타인의 통찰이 나의 영감이 된다

의식적 듣기의 두 번째 도구는 다른 이들에게 귀를 기울이는 것, 그들의 표현과 의도를 받아들이면서 진짜로 말하고자 하는 바를 수용하는 것이다. 온전히 들으려면 감정을, 즉 말의 어투와 높낮이를 파악해야 한다고들 한다. 말하는 사람의 기분을 고려해 말의 내용을 정확히 해석하라고 말이다.

예를 들어 "괜찮아요."라는 말은 진심일 수도, 냉소일 수도 있다. 어투는 단어들만큼이나 많은 정보를 전달한다. 어떤 "괜찮아요."는 전혀 잘 지내지 못한다는 의미일지 모른다. 그 해석은 듣는 이에게 달려 있다. 건강 상태를 설명할 때도 "괜찮아요."라는 말은 정확히 그 뜻일 수도, 반대의 뜻일 수도 있다. 정확히 해석하려면 직감에 의존해야 할 때도 많다.

듣기에는 내적 듣기와 외적 듣기, 즉 자신을 듣는 것과 타인을 듣는 것 두 가지가 있다. 진정한 대화에는 이 두 가지 듣기가 다 필요하다. 거짓말을 하고 싶지 않은 상대는 훨씬 복잡한 감정들을 얼버무리는지도 모른다. 이때 "괜찮아요."라는 말은 그저 사회적인 표현일 뿐이다. 더 깊이 들어가는 것은 듣는 이의 몫이다. 이럴 때는 "정말 괜찮아?"라는 부드러운 질문이 설명과 발견

> 인간의 가장 기본적인 욕구는 이해하고 또 이해받으려는 것이다. 타인을 이해하는 최고의 방법은 귀를 기울이는 것이다. _랠프 니콜스

으로 이어질 수 있다. 말하는 이가 서글프게 '실은 괜찮지 않다'고, '괜찮기는 커녕 힘겨운 감정에 사로잡혀 있다'고 말할지 모른다. 이렇게 상대의 어투에 집중함으로써 솔직함을 끌어낼 수 있다.

주의 깊게 들을 때 진정한 친밀감이 생겨나기 시작한다. 전투적인 어투가 아닌 배려심 깊은 어투로 묻고 상대의 생각을 진심으로 알고 싶다는 표현을 하게 된다. 이런 태도는 상대의 마음을 열고 진정한 대화로 이끈다. 내가 집중하면 상대도 집

> 상대에게 공감을 표현하는 가장 효과적인 방법은 말하기가 아니다. 바로 듣기다. _틱낫한

중한다. 상대를 온전히 들어주면 상대도 나를 들어준다. 이렇게 집중해서 들을 때 우리는 더욱 솔직하고 친밀해지고 그런 만큼 상대를 새롭게 발견하게 된다.

듣기는 귀를 여는 것만으로 되지 않는다. 상대가 말하는 단어를 들으면서 어투에 집중하고 단어 아래에 숨은 의도를 잡아내야 한다. 직관을 활용해서 단어 이면의 훨씬 복잡한 메시지를 찾아내는 것이다. 예를 들어 건강 문제를 얘기한다고 해보자. "별문제 없어요."라고 상대가 말했다고 해도 그 어투는 무수한 가능성을 포함하고 있다. 그중에는 '문제가 있다'도 있다. 머리가 아닌 가슴으로 들으면 상대의 진심을 파악할 수 있다. 가슴으로 들으면서 우리는 공감을 연습한다. 진정한 이해의 비밀 재료인 공감 말이다.

때로는 몸짓이 가장 명백한 말을 전하기도 한다. 사용된 단어

가 무엇이든 그 상황에서 전혀 다른 내용을 잡아낼 수 있다. "괜찮아요."라고 말하지만 어깨가 축 처져 있다면 슬프다는 의미다. 팔짱 낀 자세는 말로는 아니라고 해도 마음이 닫혀 있음을 드러낸다. '투쟁 혹은 도피'Fight or Flight를 의미하는 자세나 행동도 진짜 감정을 전달해준다.

상대의 음성 언어와 함께 몸짓 언어까지 들으면 진실을 파악할 수 있고 표면적 언어에 휘둘리지 않게 된다. 상대의 몸 전체에 귀를 기울이면 내 몸 전체가 신호를 받는다. 표현 못 하는 분노는 위장을 뒤틀고, 두려움은 가슴을 조인다. 말하지 못한 고통은 목이 메이게 한다. 우리의 몸은 그런 신호들을 수신하는 안테나가 된다.

듣는 것은 양방향 도로와 같다. 내가 집중해서 들으면 상대도 집중해서 들어준다. 이런 의식적 듣기를 추구하다 보면 사람들과 더 깊이 교류하게 된다. 관계가 그저 표면에 머무르지 않고 우리는 더 진실한 자신이 되며 상대 역시 그렇게 된다.

침묵 그리고 조용한 격려로 지금 상대에게 집중하고 있다는 신호를 보내보자. 혹시 내가 말을 하지 않으면 상대도 입을 다물까? 그렇지 않다. 무엇이든 들어주겠다는 태도는

잘 듣는 것은 입을 다무는 것이 아니라 열정적으로 반응하고 관심을 갖는 것이다. _앨리스 두어 밀러

오히려 상대의 마음을 더 열어준다. 그리고 "음…" 하는 중얼거림, 조용히 고개를 끄덕거리는 행동으로 관심을 전달하면 그런 격려

가 연료가 되어 대화는 활기를 띤다.

듣기에도 연습이 필요하다

의식적 듣기는 수동적이지 않다. 능동적이다. 몸을 굽혀 언제든 날아오는 공을 잡아낼 준비가 된 야구 선수와 같이 몸 전체가 긴장한 상태에서 반응할 준비가 되어 있기 때문이다.

상대가 먼저 공을 던지도록 해보자. 상대의 속도를 따라갈 뿐 먼저 가려 하지 않는 것이 잘 듣는 길이다. 이런 집중은 상대를 격려하고 상대는 점점 더 깊이 자기를 드러낸다. 그러면 나 역시 상대의 솔직함을 기쁘게 받아들이고 내 차례가 되었을 때 그만큼 솔직해진다.

먼저 모범을 보여주며 상대를 이끌어보자. 상대를 바라보며 존중을 표시하면 진실한 마음을 느낀 상대는 더 깊이 그리고 솔직하게 대화에 참여한다. 잡담을 넘어선 의미 있는 교류가 이뤄지고 공평하게 기분과 감정을 주고받는다. 상대를 존중하며 귀를 기울이면 상대도 나를 그렇게 대해준다.

몸짓 언어로 속마음을 보여줄 수도 있다. 가령 팔짱을 끼고 있으면 어딘지 회의적인 느낌을 주지만 두 팔을 활짝 벌리거나 차분히 내리면 받아들일 준비가 되어 있다는 태도다. 온몸으로 열려 있다는 신호를 상대에게 전하는 것이다. 이렇게 자세가 갖춰지면 상대

는 곧 긴장을 풀고 상대의 몸짓 언어도 나와 비슷해진다. 받아들일

어떻게 지내는지 물어보고 대답을 듣기 위해 기다려주는 드문 존재가 바로 친구다. _에드 커닝햄

준비가 되었다는 신호를 받은 상대가 같은 신호를 보내오는 것이다. 보는 대로 따라 하게 되는 원리다.

우리는 자세를 통해 '네가 어떻게 느끼는지 나도 알아'라는 메시지를 보낸다. 연민에서 한 발짝 더 나아가 공감하며 듣겠다는 신호다. 이렇게 몸짓 혹은 말로 상대가 느끼는 것을 나도 느낀다고 알려줄 수 있다. 이런 배려를 받으면 아무리 나르시시즘 성향의 상대라도 '나 혼자 너무 많이 떠들고 있는 거 아냐?'라고 생각할 것이다. 그래도 아무 상관 없다는 자세를 보이면 대화는 몰입을 넘어 진정한 공유에 이른다. 뉘앙스 하나하나를 잡아내려는 우리의 몸은 라디오 수신기가 된다. 방향을 바꿔 발신할 시간은 곧 충분히 주어질 것이다. 듣기는 말하기의 전주곡이다. 집중해 들으면서 생각은 더 명료하고 강해진다.

내 친구인 스코티 피어스 박사는 "훌륭한 청자는 의도적으로 상대가 말할 여지를 남겨주죠."라고 말한다. 자신이 훌륭한 청자이기도 한 스코티는 대화 곳곳에 의미 있는 침묵을 섞는다. 세상의 시간을 다 갖기라도 한 것처럼. 덕분에 대화 상대는 분명하고도 세세하게 말할 시간을 얻는다.

배우이자 작가이기도 한 닉 카푸스틴스키는 신중하게 단어를

고른다. "훌륭한 연기는 잘 듣는 거야." 스코티처럼 닉도 침묵하는 순간이 많은데 그 순간마다 그는 온전히 상대에게 집중한다. 그는 우선 귀 기울이고 그다음에 반응한다. 그의 표현에 따르면 이는 '그 순간에 머무르는 것'이다. 대화는 점점 깊어지지만 중심을 잃지 않는다. 별로 힘이 들지 않는 느낌인데 이는 의식적 듣기가 습관이 된 덕분이다.

베테랑 배우이자 친구인 제니퍼 배시는 이렇게 말한다. "요령을 알려주자면, 듣는 훈련을 하는 거야. 매일 세 사람에게 전화를 걸어 어떻게 지내는지 물어보는 거지. 내 이야기는 하지 않고 그저 상대의 소식을 묻는 거야. 상대에게 집중하면 자기도취에서 벗어날 수 있어."

특별할 것 없는 평범한 사람에게 귀 기울여주는 것, 이는 사랑을 주는 것이다. _데이비드 옥스버거

배시의 방법은 삶을 풍요롭고 깊이 있게 만들어준다. 그녀는 너그러운 친구이고 그 너그러움은 높은 평가를 받는다. 그녀의 친구 관계는 넓고도 깊다. 주의 깊은 듣기가 만들어낸 결과다.

"잘 듣는 사람이 되려면 공부와 연습이 필요해요." 스코티의 말이다. "저절로 되는 일이 아니거든요. 배우고 연습해야죠. 좋은 대화의 기술이라는 게 존재해요. 주의 깊게 귀를 기울이면 상대도 똑같이 하게 돼요. 우리는 좋은 행동을 따라 하거든요. 하지만 제대로 듣지 않는 사람들이 너무 많아요. 자기 생각에 너무 빠져 있어서 '상대방 차례, 내 차례'의 신호를 잡는 게 아니라 상대방이 말하

고 있을 때 자기가 다음에 할 말을 연습하죠. 대화 상황에 온전히 들어가지 않는 거예요."

의식적 듣기를 훈련하면 거부하지 않게 된다. 상대의 현실을 받아들이는 데 집중하는 동안 우리 자신의 현실이 더 날카롭게 다가오는 걸 발견하곤 한다. 스코티의 말처럼 잘 듣지 않는 상대와 말하게 되면 몸에 저절로 힘이 들어간다. 상대가 내 말을 듣지 않는다는 게 본능적으로 느껴진다. 이런 대화는 공허하다. 앞으로 나아가는 대신 그만 헤어지기를 택하게 된다. "이제 가봐야 해서요."라고 예의 바른 핑계를 대면서.

거울처럼 서로를 비추는 대화

타인의 말을 잘 듣는다고 해서 나 자신을 듣는 일이 중단되는 것은 아니다. 의식적 듣기는 나를 힘들게 하는 일이 아니다. 오히려 현실적이어서 어디서 누구와 특별한 경험을 나눌 수 있을지가 정확히 판별된다. 상대에게 귀를 기울이면서 그가 얼마나 깊이 참여할 수 있는지 알아내고, 제대로 반응하는 사람에게 주의를 집중하는 것이다. 그런 상대는 믿음의 거울이 되고 공명판이 되어 나의 잠재력과 힘을 그대로 비추어 보여준다.

최근에 나는 집을 샀다. 20년 만의 첫 집이다. 내게는 큰 투자였기에 믿음의 거울인 친구들에게 조언을 구했다. 스코티는 "완벽한 집이군요. 안전하고 편안하고 예뻐요.''라고 해주었다. 나는 안심했다. "그 집은 분명 네 마음에 들 거야."

배시도 말해주었다. "산이 보이고 정원도 있으니 네가 평소 원하던 두 가지가

다 갖춰진 거잖아." 나는 또 안심했다. 엠마도 "너한테 딱 맞는 집이야. 해가 잘 들고 널찍하니까."라고 그 집에 대해 좋은 평가를 해주었다.

믿음의 거울들이 해준 말을 듣고 나는 불안감을 내려놓았다. 그리고 그 집을 샀다. 그들의 말을 통해 확신을 얻은 것이다. 내 믿음의 거울들은 나를 잘 안다. 그리고 집을 사는 것이 내게 좋다고 생각해서 내가 집을 가질 때가 되었다고, 좋아하는 집에서 안정적으로 살 자격이 충분하다고 말해주었다.

집을 사면서 나는 믿음의 거울들뿐 아니라 나 자신에게도 귀를 기울였다. 친구인 제러드 해킷은 집을 사는 과정에서 동행해주면서 정말 좋은 집이라고 말했다. 내 세무사이자 또 다른 믿음의 거울인 스콧 베르쿠도 나의 결정을 지지했다. 믿음의 거울들로부터 격려를 받으며 나는 그 낙관적인 의견들이 내게 와닿는다고 느꼈다. 나 역시 마음에 꼭 드는 그 집을 살 수 있다고, 사야만 한다고 믿게 되었다. 믿음의 거울들에게 귀 기울이면서 나 자신에게도 귀를 기울였던 것이다.

믿음의 거울들은 오랜 시간에 걸쳐 자신을 증명했다. 제러드는 50년이 넘는 세월 동안 가까이 지내는 귀중한 친구다. 신중하고 침착한 그는 아무리 극적인 이야기라고 해도 주의 깊게 듣고 핵심을 짚어준다. 듣기를 오래 연마해온 사람답게 무엇이든 귀 기울여 듣고 내 입장이 되어본 후 부드럽게 내 불안을 해소해준다. 그는 절대로 패닉에 빠지지 않는다.

나는 강의를 할 때마다 내 믿음의 거울들에 대해, 특히 제러드에 대해 말하곤 한다. "하지만 저한테 제러드 같은 존재가 없으면 어쩌죠?" 이렇게 물어오는 사람도 있다. 그러면 나는 설명한다. 친구들에게 집중해서 잘 듣다 보면 그들이 어떤 유형의 사람인지 선별 과정이 진행된다고. 그러다 보면 남들보다 더 믿음직한 존재들이 드러나기 마련이라고. 그중 가장 믿음직한 사람이 당신의 제러드가 될 것이라고 말이다.

자신을 깊이 들으면서 남들을 깊이 듣는 일은 균형 상태를 만든다. 이 균형점이 지혜의 시작이다. 시간이 흐르면 저절로 균형이 맞춰진다. 의식적으로 듣는 연습을 하면서 듣는 것이 듣지 않는 것보다 훨씬 더 만족스럽고 즐겁다는 점을 깨닫게 된다. 내가 들으면 상대도 들어준다.

성공적 대화의 핵심은 상호성이다. 한 사람이 말을 독점하면 대화는 망가진다. '상대가 한 번, 내가 한 번'이라는 리듬을 지켜야 한다. 이는 춤추는 것과 비슷하다. 좋은 대화는 기회를 배우는 것이다. 한쪽이 온전히 나누고 다른 쪽은 새로운 아이디어를 받아들인다. 이 흐름을 충분히 느끼고 반응하며 언제 자신이 말할 차례인지 신호를 기다려야 한다. 성급하게 뛰어들어 흐름을 끊어서는 안 된다.

상대의 말을 가로막고 끼어들면 귀중한 배움의 기회를 잃게 된다. 방해받지 않았다면 상대는 당신이 한 번도 들어보지 못한 새롭고 놀라운 정보를 내놓을 수 있었을지 모른다. 새로운 생각에 귀와 마음을 열 때 '저렇게는 한 번도 생각해보지 못했는걸'이라는 깨달음을 얻을 수 있다. 잘 듣는 법을 배우면서 동시에 배움에 귀 기울이는 것이다.

인내를 연습하며 상대가 충분히 아이디어를 펼치도록 해주자. 끼어들고 싶은 충동이 생길 때면 방해받지 않은 생각의 흐름이 얼마나 가치 있는지 상기하며 충동을 이겨내자. 상

> 상대의 관점에서 세상을 보기 전까지는 상대를 온전히 이해한 것이라고 할 수 없다. _하퍼 리

대는 우리가 집중하는 모습에 처음에는 놀라고 이어 즐거워할 것이다. 그렇게 상대는 생각의 흐름을 풀어내면서 새로운 생각을 발견하고 이로써 대화하는 사람 모두가 배우게 될 것이다.

상대에게 온전히 집중하려면 인내가 필요하다. 때로 그들의 생각은 복잡하고 미묘해서 집중하기 어렵다. 그럴수록 마음을 다해

집중해서 들어야 한다. 그런 마음이 조금이라도 부족하면 제대로 된 듣기가 이루어지지 않는다. 진지하게 공감하며 '상대의 말이 가장 중요하다'는 신호를 보낼 때 비로소 깊은 대화가 이루어진다. 서두르거나 재촉받지 않는, 모두가 만족스러운 대화다. 핵심은 상대를 존중하는 것이다.

나를 바꾸는 듣기 연습

한 주 동안 친구들과 대화할 때 최고로 집중해서 들어보세요. 그리고 대화 중에 보인 당신의 반응을 기록해보세요. 그렇게 기록하며 듣다 보면 친구 중 누가 훌륭한 청자인지 알게 될 거예요. 친구들과의 상호작용에 좋음, 나쁨, 중간이라는 평가를 해보세요. 누가 훌륭한 청자였고 그 친구와의 대화는 어땠나요?

이것은 믿음의 거울, 즉 당신의 강점과 가능성을 보여줄 친구를 찾는 과정입니다. 누가 낙관적 감정을 불러일으키는지 확인해보세요. 그 사람이 당신에게 가장 중요한 존재입니다.

도대체 아티스트들은 어떻게 듣는 걸까

20대에 나는 〈워싱턴포스트〉에서 일했다. 이후 언론 쪽에서 경력을 쌓으면서 〈워싱턴포스트〉와 《롤링 스톤》에 기사를 썼다. 그 과정에서 최고의 기자는 이야기를 통제하려 하지 않고 따라간다는 것, 다시 말해 잘 듣는다는 점을 배웠다. 미리 형태를 부여하지 않고 상대에게서 자연스럽게 이야기가 흘러나오도록 할 때 가장 흥미롭고 솔직한 보도가 이루어진다는 것이다.

그래서 나는 인터뷰할 때 열린 자세로 들으며 상대가 믿는 바를 나누게끔 여유를 주려 했다. 그리고 그렇게 들을수록 더 많은 이야기를 얻을 수 있었다. 더 많은 이야기가 나올수록 전체 내용이 더 분명해졌다. 귀를 기울였을 뿐인데 이야기가 모습을 드러냈고, 그렇게 드러난 이야기로 쉽게 글을 쓸 수 있었다.

> 말하는 것보다 들으려는 사람이 모임에서 제일 매력적인 존재라는 걸 눈치챘는가? _리첼 굿리치

이 책을 쓰며 나는 그 시절을 떠올렸다. 그리고 친구들에게 듣기에 관한 생각을 들어보기로 했다. 그런데 아이러니하게도 그렇게 결심하자마자 집 전화가 고장 났다.

"줄리, 듣고 있어? 왜 말이 없어?"

엠마의 걱정스러운 목소리가 수화기로 전해졌다.

"듣고 있어."

"줄리, 네 소리가 안 들려."

"엠마, 엠마, 안 들려?"

내가 큰 소리로 말했다.

"줄리, 안 들려."

"내가 전화 걸어볼게."

나는 큰소리로 또박또박 말한 후 전화를 끊고 휴대전화로 전화를 걸었다. 친구가 받았다.

"엠마, 들리니?"

"아, 이제 들린다."

"집 전화기가 망가졌나 봐."

"그렇구나. 아까 네 목소리는 안 들리고 잡음만 들리더라고. 내가 새 전화기를 보내줄게."

이틀 후 새 전화기가 도착했다. 친구가 와서 설치해주었다. 엠마의 번호를 눌렀다. 전화를 받은 엠마가 말했다.

"줄리, 지금도 네 소리가 안 들리는데."

하는 수 없이 나는 휴대전화로 연락했다.

"엠마, 이제 들리니?"

"응, 이제 들려."

"전화선에 문제가 있나 봐. 전화기는 고장 난 게 아닌 것 같아. 휴대전화를 주로 써야겠어."

"통신사에 전화해봐."

통신사에 연락하니 다음 주에 사람을 보내준다고 했다. 그게 제일 빠른 일정이라고 했는데 내겐 그렇지 않았다. 다시 집 전화가 울렸다. 제니퍼였다.

"네 소리가 안 들려."

제니퍼가 투덜거렸다.

"선풍기를 틀어놓은 거니?"

"아니, 전화선에 문제가 있어."

"뭐라고? 안 들려."

"내가 휴대전화로 다시 걸게."

"뭐라고? 전화기가 고장인가 봐."

"그만 끊어. 내가 걸게."

나는 휴대전화로 제니퍼에게 전화했다.

"제니퍼?"

"아, 이제 괜찮다. 선풍기를 돌렸던 거야?"

"선풍기는 안 틀었어. 전화선에 문제가 있어서 그래."

"그렇구나. 네 목소리가 한참 멀리서 웅얼거리듯이 들리더라고."

나는 친구들을 한 명씩 직접 만나 인터뷰하기로 했다. 차를 마시거나 식사하자고 초대해서 그들의 이야기를 듣기로 한 것이다. 기자 시절을 떠올려보면 나는 항상 전화보다는 직접 만나는 게 더

좋았다. 나는 휴대전화로 전화를 걸어 내가 아는 좋은 청자들과 만

질문을 던지고 답을 듣는 것은 성공에 꼭 필요한 과정이다. _앤 버렐

날 시간을 잡기 시작했다. 화가, 배우, 음악가, 작가, 교사, 영화감독 등 다양한 친구들과 통화하며 듣기의 형태가 얼마나 많고 제각각인지 놀랐다. 친구들은 듣기에 관해 이야기하자는 나의 제안을 즐겁게 받아들였다.

자주 만나던 친구뿐 아니라 거의 만나지 못했던 친구들에게까지 연락해 약속 시간과 장소를 정했다. 그 과정에서 나는 듣기가 어떻게 우리를 연결하는지, 그리고 어떻게 우리 삶을 변화시켰는지 다시금 체험했다.

예술의 시작은 대화로부터

대문 두드리는 소리가 들린다. 오후 4시, 에즈라 허바드가 찾아오기로 한 시각이다. 문을 열자 키 큰 젊은 남자가 걸어 들어온다. 우리는 가볍게 껴안으며 인사를 나눈다. 처음 만났을 때 열여섯 살이었던 에즈라는 이제 40대 초반이 되었다. 아티스트의 길을 걷고 있는 그의 조각 작품 하나가 내 거실에 놓여 있다. 그는 조각뿐 아니라 그림도 그리고 설치예술도 하며 다양한 분야에 발을 걸치고 있

다. 내가 커다란 잔에 물을 따라주자 그가 미소 지으며 받아든다.

"잔이 아주 예쁘네요."

물을 마시면서 그가 멕시코풍의 핸드메이드 잔을 살핀다. 우리는 그의 미래를 위해 건배한다.

"한 시간 반 정도 시간이 있어요. 그다음에는 마을로 가야 해서요. 같이 개 산책을 시킬래요?"

그는 내 제안에 당연히 좋다고 할 것이다. 그가 10대였던 시절부터 우리는 함께 개를 산책시키곤 했으니까. 그때 나는 40대, 지금 에즈라의 나이였다.

"릴리 목줄이 어디 있죠?"

에즈라는 찬성한다는 의미로 묻는다. 내가 옷장에서 목줄을 꺼내온다. 에즈라가 릴리의 목걸이에 줄을 끼우고 우리는 함께 집을 나선다. 초가을의 맑고 시원한 오후다. 릴리가 빨리 달려 나가고 싶어 줄을 당긴다.

"천천히 가게 해요."

내가 말하자 에즈라가 부드럽게 목줄을 당긴다.

"듣기가 예술 작업에 중요한 역할을 한다고 생각해요?"

나는 질문을 던지고 귀를 기울인다.

"중요하고말고요. 듣기를 통해 다음에 뭘 해야 할지 알죠. 귀를 기울인 다음에 한 부분을 만들어요. 또다시 귀를 기울인 후 다음

부분을 만들고요."

"그러니까 듣기가 예술 작업과 곧바로 연결된다는 거죠?"

"맞아요."

우리는 천천히 걷는다. 릴리는 황금빛 덤불 냄새를 맡으려 줄을 끝까지 당겨 앞으로 간다. 에즈라는 태어나서 가장 행복하고 생산적인 여름을 보냈던 뉴욕으로 이사 가기로 했다고, 그래서 뉴멕시코의 집을 팔려고 한다는 소식을 전한다.

> 귀를 기울인다는 것은 영혼의 선물이다. 우리는 누구나 그 선물을 줄 수 있다. _노먼 라이트

"뉴욕에는 동료들이 있어요. 여기에는 저희 부부만 있죠. 예술에 대해 이야기하며 교감할 친구가 하나도 없어요."

"동료 아티스트들이 그립군요?"

"맞아요. 뉴욕에서는 예술에 관한 대화가 계속해서 이루어지고 그게 작업의 토대가 되죠."

에즈라가 릴리의 목줄을 잡아당기며 "이쪽으로 가는 거야."라고 말한다. 잠시 머뭇거리던 릴리가 흙길로 따라온다.

"예술은 영적 여행이라고 생각해요. 신은 사람들을 통해 말한다고 하죠. 뉴욕은 사람들로 가득하고요."

"그러니까 뉴욕은 '신들로 가득하다'는 얘기가 되나요?"

에즈라가 웃는다.

"뉴욕의 친구들이 그렇게 생각하는지는 모르겠지만 전 그래요.

언제 무엇을 듣게 될지 모르는 거죠."

"그러니까 듣기 위해 뉴욕에 가는 거라고요?"

"들어주는 사람을 찾아서 가는 것일 수도요. 전 진공상태에서 작업하는 건 싫어요. 뉴욕에서는 제 작품이 받아들여지죠."

우리는 공감의 침묵 속에서 얼마간 걷는다. 다시 에즈라가 대화의 끈을 잇는다.

"듣기에 관해 물으셨죠. 제 삶은 그 자체가 듣기예요. 매일 모닝 페이지를 하며 귀를 기울이죠. 모닝 페이지를 끝내기도 전에 아이디어가 쏟아져 나와요. 그렇게 들으며 하루의 일정을 계획하죠. 제 생각에 그리고 침묵에 귀를 기울여요. 때로는 걸으며 듣죠. 뉴욕은 걷기에 정말로 좋은 도시예요. 걸을 때 저는 아이디어가 연결되는 걸 느껴요."

에즈라와 이렇게 가까이 살 수 있었던 건 행운이었다. 나는 그가 그리울 것이다. 하지만 그에게 이사는 좋은 일이라 생각한다. 샌타페이에 살기 전에 나도 10년 동안 뉴욕에 살았기에 그곳이 예술가에게 얼마나 좋은 도시인지 잘 알고 있다.

"전 거꾸로 가는 거예요. 뉴욕에 살다가 샌타페이로 오는 사람들이 대부분인데 저는 반대니까요."

"걱정 말아요. 다 잘될 거예요."

내가 말한다. 대화는 만족스러웠다. 에즈라는 듣기를 실천하며 신중하고 훌륭하게 나아가는 중이다.

배우겠다는 마음가짐이 만드는 변화

닉 카푸스틴스키는 멋지게 차려입고 왔다. 우리 둘 다 좋아하는 식
당인 레드 엔칠라다에서 만난 참이다. 눈썰미 없는 사람은 못 보
고 지나치기 쉽지만 아는 사람에게는 최고로 손꼽히는 샌타페이
의 명소다. 사방의 벽은 원시적 느낌의 벽화로 채워져 있고 칸막이
는 밝은 청록색이다. 닉은 머리부터 발끝까지 검은색 옷을 입고 빨
간 야구모자로 포인트를 주었다. 턱수염을 말끔히 면도한 덕분인
지 말도 말끔히 정돈되어 나온다.

"난 어렸을 때부터 듣는 법을 배운 것 같아. 외동아이였거든. 어
른들끼리 내 머리 위에서 대화를 나누었고 나는 끼어들 수 없었지."

기억을 되살리며 그가 어깨를 으쓱해 보인다.

"아버지는 입자물리학자였지. 양자니, 중성자니, 빅뱅에서 세상이 탄생한 시점이니 하는 얘기를 들으며 알게 됐어. 어른들의 대화에는 끼어들지 말아야 한다는 걸 말이야. 부모님 두 분은 대화를 많이 하셨지. 명석한 분들이셨어. 나도 머리가 나쁘지는 않았지만 끼어들 틈이 없었으니 자연스럽게 듣는 법을 배운 것 같아."

지금도 잘 듣는 사람인 닉이 잠시 말을 멈춘다.

"이 정도면 충분히 얘기한 건가? 결국 나는 다른 방법이 없었기 때문에 잘 듣는 사람이 된 것 같아. 아버지는 카리스마 넘치는 분이었고 나는 거기에 압도되었으니까. 내게도 나만의 이야기가 있다는 건 뒤늦게 깨달았지."

작가이자 배우인 닉은 이제 무대의 주인공이다. 어린 시절의 경험 덕분에 오늘날 예민한 감각을 지닌 예술가가

> 내가 아는 성공한 사람 대부분은 말하기보다 듣기를 많이 하는 이들이다. _버나드 맨스 바루크

되었다. 그는 작가로서는 관찰하고 배우로서는 무대에 함께 서는 이들에게 반응한다. 몹시 열정적이지만 동시에 관대한 모습으로 무대 위에서 자기 순서를 기다린다. 부모님으로부터 그는 끼어들지 않고 자기 순서를 기다리는 법을 배웠다. '배우기 위한 듣기의 힘'을 일찍이 깨달은 그는 이를 삶의 원칙으로 삼고 있다.

그와의 대화는 깊은 곳을 건드린다. 대화의 흐름 곳곳에 침묵이 자리한다. 그는 상대가 생각을 마칠 때까지 참을성 있게 기다린다.

휙 뛰어넘는 일도, 서두르는 일도 없다. 그는 배운 대로 상대를 존

이상적인 대화는 생각의 교환이다. 자기 약점을 걱정하는 많은 사람이 생각하듯 위트와 연설의 장황한 나열이 아니다. _에밀리 포스트

중하며 듣는다. 온전히 집중해서 대화를 깊게, 진실하게 이어나간다. 화제를 옮길 때도 절대 서두르지 않고 상대를

재촉하지 않는다. 듣기는 그에게 신성한 약속과도 같다.

그는 상대가 끝내지 않은 생각을 이렇게 묻기도 한다.

"그래서?"

이 부드러운 격려를 받은 상대는 좀 더 깊은 곳을 드러낸다. 집중해서 귀를 기울임으로써 발견을 유도하는 것이다. 어린 시절 어른들의 이야기에 홀딱 빠져 듣고 있던 그를 상상하기는 어렵지 않다. 이제 그는 아버지처럼 카리스마 넘치는 어른이 되었다. 자기 차례가 되었을 때 권위 있고 다정하게 말하는 모습이 바로 그렇다.

나를 바꾸는 듣기 연습

친구와 만날 계획을 세워보세요. 커피를 마시거나 식사하며 혹은 야외 벤치에서 사람들을 구경하며 수다를 떨어보세요. 이때 배우겠다는 마음으로 친구의 말에 귀를 기울이세요. 잘 들으면 누구에게서든 무엇이든 배울 수 있습니다. 그리고 집에 돌아와 그 만남을 돌이켜보세요. 무엇을 배웠나요?

누구나 삶을 담는 말그릇이 있다

얼마 전 집을 새로 사서 수리한 신시아 멀베이니는 초상화가다. 청바지와 스웨터 차림의 그녀는 가죽 소파에 양반다리를 하고 앉아 있다. 우리는 추수감사절 저녁 식사를 막 끝내고 대화하는 중이다. 신시아의 약혼자 대니얼 리전이 진한 커피를 내리는 동안 그녀가 내 쪽으로 상체를 기울이면서 이렇게 말한다.

"저는 저 사람 목소리에 빠졌어요. 강하면서도 다정한 목소리죠. 함께 이야기하고 싶어지는 목소리라고 할까요."

때마침 대니얼이 김이 무럭무럭 오르는 커피 두 잔을 들고 부엌에서 나온다.

"자, 드세요."

그가 커피를 탁자에 내려놓는다.

"혹시 더 필요한 게 있을까요?"

"아뇨, 고마워요."

신시아가 대답하고 다시 대화 주제로 돌아간다. 이미 여러 생각을 해둔 모양이다.

"초상화가로서 저는 늘 상대가 어떤 사람인지 느낌을 잡으려 하죠. 말하는 것을 집중해서 듣고 그다음에는 들은 것과 본 것을 기억해요. 예를 들어 '아버지는 친절한 분이셨고 저도 그런 사람이 되고 싶어요'라는 중요한 말이 나왔다면 그림을 그리면서 그런 분위기가 드러나도록 노력하죠."

신시아는 내게 계속 말을 하면서 서가 쪽으로 가 서랍을 연다. 무언가 보여주려는 것이다.

"전에 뉴욕주 컬럼비아 카운티 예술위원회에서 일한 적이 있어요. 덕분에 흥미로운 사람들을 잔뜩 만났죠. 예술가들이 오가다 들러서 작업 얘기를 하곤 했거든요. 그렇게 시작해 몇 시간씩 대화가 오가기도 했어요. 덕분에 예술 이면의 사람에 대해 알게 되었죠. 모두의 삶이 제각각 흥미진진했어요."

신시아의 눈이 반짝인다.

"저는 그 이야기들을 꺼내놓으면 좋겠다고 생각했어요. 얼마나 멋진 사람들이 함께 어울려 살고 있는지 알리고 싶었죠. 그게 시작이었어요. 이후 공모에 지원해 당선되었고, 사람들을 인터뷰해서 이야기를 쓰고 초상화를 그렸어요. 마음에 드는 자기 사진도 보내달라고 부탁했죠. 이 프로젝트는 정말 만족스러웠어요. 전 인간의 얼굴이 좋아요. 그래서 있는 그대로의 존재를 잡아내려고 노력해요."

가장 성실한 아부는 모방하는 것이 아니다. 귀 귀울여 듣는 것이다.
_조이스 브러더스

신시아는 당시 그렸던 초상화 30여 점을 보여준다. 사람과 삶의 이야기를 생생하게 재현하는 그림들이다.

"인터뷰하다 보면 상대가 어떤 사람인지 감이 잡혀요. 그 사람의 말을 듣다 보면 점점 더 긴밀하게 상대와 연결되죠. 표면적인 것에 그치지 않아요. 모든 사람이 흥미진진한 이야기를 품고 있어요. 다들 말해줄 것이 아주 많죠. 질문을 하고 귀를 기울여주기만 한다면요. 전 제가 좋은 청자라고 생각해요. 상대의 말을 끊어버리는 사람도 많은데 그건 참 부끄러운 일이에요. 귀를 기울이는 것, 정말로 온전히 귀를 기울이는 것은 배려한다는 뜻이죠. 상대를 격려하는 행동이에요. 저는 듣고 배웠어요. 듣기는 생각을 해야 가능한 기법이자 하나의 예술이라고 생각해요. 정보가 들어오게 하려면 시간이 필요하죠. 저는 말하기보다는 듣기를 택했어요. 잘 들을 때 멋진 작품을 만들어낼 수 있거든요."

나를 바꾸는 듣기 연습

사랑하는 사람의 멋진 사진을 골라보세요. 그 사진에는 어떤 특징이 나타나 있나요?

그 사진과 딱 맞는 노래가 있나요?

그 사람에게 카드를 보내세요. '이 노래를 듣고 네 생각을 했어'라고 써보세요

참을성 있게 들어야 하는 이유

가는 몸매에 구불거리는 금발과 푸른 눈, 캐주얼한 차림을 한 페그 질은 《인사이드 컬럼비아》Inside Columbia라는 지역 잡지 부편집장이다. 2005년에 처음 발행된 이 잡지는 미주리주 컬럼비아 주민들이 서로를 알게 되는 데 크게 기여했다.

"지역 내 관심 가질 만한 인물을 소개하는 '만남'이라는 연재가 있어요. 그 코너에 소개될 인물 인터뷰를 하는 것이 제 일이죠."

그러니 당연히 듣기가 중요하다. 페그가 소개하는 전략은 이렇다.

"우선 인터뷰이에게 어떤 방식이 편한지 물어봐요. 직접 만나는 것, 이메일, 전화 중에서요. 그리고 인터뷰에서는 정확성이 중요해요. 핵심은 듣는 거죠. 참지 못하고 끼어드는 사람이 너무 많아요. 우리는 우리의 생각이 전달되도록 한 다음 상대를 재촉하지 않는 것이 원칙이에요. 대부분의 사람은 서둘러 결론으로 가려고 하죠. 상대가 그의 생각이나 문장을 직접 완성하도록 해야 하는데 말이에요."

> 진정으로 듣는 것과 말할 차례를 기다리는 것 사이에는 큰 차이가 있다. _랠프 월도 에머슨

페그가 잠시 생각에 잠긴다.

"사람들은 무엇을 하든 너무 속도가 빨라요. 천천히 잘 들으면

어느 한 곳에 집중하게 되고 그 순간에 온전히 존재하게 되죠. 앞으로 달려갈 필요 없어요. 상대가 말하는 걸 그대로 받아들이는 거예요. 물론 질문지가 있지만 인터뷰를 하다 보면 얼마든지 각본에서 벗어날 수 있어요. 그러나 잘 들으면서 함께 그 방향으로 가야해요. 갑자기 이야기의 방향이 바뀌기도 해요. 계획과 다르다고 해서 대화의 주제를 억지로 다시 돌아오게 하는 건 정당하지 않아요. 그저 진심으로 듣는 자세가 필요하죠. 미리 짜둔 질문에 매달리지 않으면 더 깊은 수준으로 들을 수 있어요."

페그는 그런 과정에서 발견한 것을 설명한다.

"사람들은 외로워요. 존재와 가치를 인정받고 싶어 하죠. 일상에서는 그걸 얻기 어렵고 자기 말을 누가 들어준다는 느낌도 받지 못해요. 그래서 다들 외톨이라고 느끼는 거예요. 인터뷰는 그와 완전히 다른, 가치를 확인할 수 있는 경험이죠."

그녀는 생각을 더 발전시킨다.

"우리 사회에는 표면적인 대화, 예의 바르지만 얕은 대화가 너무 많아요. 귀중한 시간을 낭비하는 거예요. 많은 사람이 그냥 표면에만 머물고 깊이 들어가지 않으려 하죠. 그냥 보기에 멋지게 만들어낼 뿐이에요. 요즘에는 갈등 요소가 워낙 많다 보니 사람들이 잘 들을 줄 모르고 그저 반응하기만 해요. 참 어렵고 슬픈 상황이죠."

그녀는 잠시 한숨을 쉬고 다시 말을 이어간다.

"잘 들으려면 아주 많이 인내해야 해요. 끼어들고 싶은 생각, 상대가 떠올리지 못하는 단어를 알려주고 싶은 생각, 더 잘 알기에 정리해주고 싶은 생각이 굴뚝같죠. 상대가 스스로 생각을 완성하도록 시간을 주는 건 그래서 어려운 일이에요. 인내야말로 대화의 핵심이에요."

나를 바꾸는 듣기 연습

많은 사람이 외롭습니다. 시간을 내어 멀리 사는 친구에게 전화를 걸어보세요. 인내심을 발휘해 잘 들어주세요. 어떻게 지내는지 묻고 솔직한 속마음이 나올 수 있도록 시간을 충분히 주세요. 통화가 끝난 후 문자 한 통을 보내는 것도 좋습니다. '너의 이야기를 들어서 정말 좋았어. 네 마음을 솔직히 말해줘서 고마워'라고 쓰면 어떨까요.

독자가 아닌 청자를 대하듯이

존 바워스는 세계적으로 명성을 떨치는 중세학자이자 소설가다. 늘씬한 몸매에 수염을 잘 다듬은 멋쟁이인 그는 늘 생기 넘치는 표정이다. 그는 분명한 문장들로 대화를 열정적으로 이어간다. 이번에 나와 함께 듣기에 관해 이야기하면서도 유창하고 확신에 찬

달변은 여전하다.

"작가라는 제 경력은 독자로서의 경험에서 시작되었어요. 전 아주 천천히 읽는 독자죠. 말하는 소리를 듣고 머리에 새기는 속도로 읽거든요. 최근에는 오디오북이라는 놀라운 세상을 만났답니다. 오디오북을 듣다 보면 위대한 작품들이 바로 그렇게 소리 내어 읽혀야 한다는 걸 깨닫게 돼요."

> 엠마는 그 순간 잘 듣는 것보다 더 큰 친절은 없으리라고 느꼈다.
> _제인 오스틴

존은 잠시 말을 멈추고 생각을 정리한다.

"제인 오스틴은 가족들에게 자기 소설을 소리 내 읽어주었다고 하죠. 걸출한 배우인 줄리엣 스티븐슨이 녹음한 제인 오스틴 작품 오디오북을 듣다 보면 그 문장들이 얼마나 멋지게 어우러져 흘러가는지 깨닫게 돼요. 《반지의 제왕》 오디오북도 그렇고요. 톨킨 역시 옥스퍼드 문학 동아리의 친구들에게 자기 작품을 낭독해주었다고 하죠."

존이 목소리에 힘을 주어 말한다.

"저는 글을 쓸 때 제 문장들을 귀로 듣습니다. 인물들의 소리도 듣죠. 그리고 인물들이 서로에게 귀 기울이는 모습을 상상해요. 소설 속에서 한 인물이 다른 인물에게 이렇게 말해요. '그 얘기 했던 때가 기억 안 난다는 거예요?' 인물들은 늘 서로에게 귀를 기울이고 있죠. 이걸 문체라고도 부를 수 있을 것 같아요. 말하는 소리를 늘 염두에 두는 문체 말이에요. 서술하는 부분에서도 전 서술자의 목소리를 듣습니다. 캐릭터를 만들 때는 그 인물만의 리듬을 들으려 하고요."

존이 잠시 생각에 잠겼다가 말을 잇는다.

"잘 듣기 위해 학습하고 학습을 위해 들으라는 말이 있죠. 더 좋은 청자가 되기 위한 학습은 평생 해야 하는 겁니다. 전 아직도 친구의 첫 문장을 듣자마자 바로 끼어들어 한 문단으로 답해버리고 싶어요. 그렇게 친구가 다음 문장을 말하지 못하게 가로막는 건 제가 이미 다 안다고 주장하는 것과 다름없어요. 하지만 이때 참고 잘 듣는다면 아직 몰랐던 것을 배우게 됩니다. 듣기를 배우면 결국 듣기를 통해 더 많은 것을 얻을 수 있어요."

내 능력을 보여줘야 한다고 생각하면 남들의 능력, 나아가 모두의 능력을 보지 못한다. _케이트 머피

그는 잠시 멈췄다가 자신을 반성한다.

"그렇지만 역시 전 좋은 청자는 못 되는 것 같아요. 작가는 소설의 대화를 기록하며 사람들이 실생활에서 그대로 대화하게끔 해야 한다는 부담을 안고 있어요. 평상시에 어떻게 말할지 잘 안다고 생각하더라도 상대가 정말로 그 예상대로 말하는 일은 없죠. 그러니까 늘 들어야 합니다."

존이 털어놓은 마지막 생각은 이렇다.

"때론 글을 쓰면서 마법 같은 순간도 찾아와요. 등장인물들이 작

가인 저조차 예상하지 못했던 말을 하는 거죠."

생각의 퍼즐 조각 맞추는 법

토드 크리스텐슨은 붉은색이 섞인 금발의 건장한 남성이다. 캐주얼한 차림의 그는 기민해 보이면서도 차분한 모습이다. 영화 촬영지 섭외가 그의 직업이며 자유 시간에는 그림을 그린다. 나는 다섯 개 도시를 거치면서 30년째 그와 알고 지낸다. 내가 아는 그는 친절하고 관대하다. 듣기에 관해 말해줄 수 있느냐고 부탁하자 그는 흔쾌히 좋다고 했다. 듣기는 그의 일에서 큰 부분을 차지할 뿐 아니라 개인적으로 많이 생각해보는 주제라고 한다.

훌륭한 청자는 귀한 보석처럼 소중히 여겨져야 한다. _월터 앤더슨

"잘 듣는 것은 정말로 중요해요. 전 제가 뭘 하는 사람인지 밝힌 후 상대가 원하는 바를 듣습니다. 감독의 말을 듣고 촬영을 원하는 후보 지역에서 나오는 말에도 귀 기울이죠. 둘 다 나름의 의견과 특징이 있어요. 제 일은 둘 다에 집중해서 잘 맞추는 겁니다. 그래서 장소를 찾는 게 첫 번째고 듣는 게 두 번째죠. 전 촬영지에서 자유로움을 최대한으로 끌어내려고 노력해요."

토드가 생각을 정리하는 듯하더니 이런 이야기를 꺼낸다.

"최근 코언 형제와 함께 작업한 적이 있었어요. 제가 촬영지를 찾았고 그곳의 소유주가 무엇을 걱정하는지 들었죠. 그가 원하는 바가 무엇인지도 파악했어요. 저는 우리가 촬영할 때 충분히 조심한다고 말해주었죠. 촬영 첫날, 그래도 그는 몹시 불안해하더군요. 그래서 조엘 코언 감독과 직접 이야기를 나누라고 했어요. 어떤 문제가 해결되어야 하는지 알았기 때문이죠. 그 자리에서 전 다시 두 입장에 대해 들었습니다. 양측이 다 만족하기를 바랐거든요. 듣고 있자니 걱정하는 문제가 발생하지 않도록 할 방법이 떠올랐어요.

잘 듣는 것이 해결을 이끌어낸 거죠. 두 사람은 그 방법에 동의했고 우리는 본격적으로 촬영에 들어갈 수 있었습니다."

그가 일하는 방식은 이렇다.

"제일 먼저 미술 총감독과 이야기를 나누고 그가 무엇을 원하는지 파악합니다. 그다음에는 제작자와 만나죠. 비용이 얼마나 들지에 관심이 있는 사람입니다. 다음으로는 감독과 논의해 우리가 계획하는 것에 동의하는지 아닌지를 확인합니다. 이렇게 듣기는 제일에서 아주 많은 부분을 차지해요. 각 영역에서 무엇을 원하는지잘 듣고 채워줘야 하거든요. 촬영지 20~40곳이 모두 이런 과정을거쳐 섭외됩니다."

지금까지 토드는 〈헝거 게임〉, 〈머니볼〉을 비롯해 34편의 영화작업을 해왔다. 그가 다시 말을 꺼낸다.

"저는 사람들의 이야기를 들으며 떠오른 생각을 메모합니다. 일단 써두면 잊어버리지 않으니까요. 장소를 찾을 때는 직감에 귀를기울입니다. 본능을 듣는다고 할까요."

명료하게 전달되지 않았다고 생각하는지 그가 말을 잇는다.

"잘 듣는 건 사전 준비 작업을 훌륭히 해낼 수 있게 해주죠. 듣는 건 존중하는 겁니다. 저는 부정적인 얘기가 나와도 반박하지 않고 신중하게 귀를 기울여요. 그리고 '상황을 확인하겠습니다'라는정도로만 말하죠. 대개는 답을 알고 있지만요. 예를 들어 열두 시간 동안 도로가 통제되기를 바란다고 해보죠. 저는 실제로는 네 시간만 가능하다는 걸 압니다. 그래도 상대가 말할 때는 즉각 답하지 않아요. 왜 그러기를 원하는지를 들어야 하니까요."

토드가 말을 정리한다.

"듣기는 이후 벌어질 일들을 연결합니다. 그래서 감독, 조감독 등 모두의 일이 제 듣기에 달려 있어요. 영상을 만드는 데 필요한 것이 무엇인지 파악하려면 잘 들어야 해요. 제대로 듣지 못하면 모든 영역에 영향을 미칩니다. 잘 들어야만 모든 일이 잘 연결되죠."

나를 바꾸는 듣기 연습

영화를 한 편 감상해보세요. 어떤 영화였나요?

_____

_____

영화 속 특정 장면이 그 장소가 아닌 다른 장소에서 등장했다면 어땠을까요? 촬영지가 장면의 의미에 얼마나 중요한지 생각해보는 겁니다. 예를 들어 고층 건물 위에서 찍은 장면이 있다면 이를 지상에서 찍었을 때 느낌이 어떻게 달라질까요?

_____

_____

> 미술감독이 "이 장면 배경은 소름 끼치게 무서워야 합니다."라고 말했다고
> 합시다. '소름 끼치게 무서운' 장면은 어디서 보여줄 수 있을까요?
>
> _____
>
> _____

온전히 집중하면 오롯이 기억된다

은발에 날씬하고 움직임이 유연한 제니퍼 배시는 53년 경력의 전문 배우다. 특히 극적인 분위기를 자아내는 낮은 목소리가 매력적인 그녀는 오랜 세월 듣기를 통해 연기력을 훈련할 수 있었다고 말한다.

"우리가 하는 제일 중요한 일이 듣는 일이지. 그 순간에 진짜로 집중해서 귀를 기울이면 상대의 정보를 받아들이며 학습하게 돼. 잘 들으면 깔깔 웃을 수도, 엉엉 울 수도, 우습거나 비극적인 무언가를 알아차릴 수도 있어."

제니퍼가 잠시 말을 멈추고 생각을 정리한다.

"듣기는 기법이야. 학습할 수 있는 기법. 정말로 잘 듣다 보면 무언가가 불꽃을 일으키지. 당장 끼어들고 싶은 마음이 들어도 절대

로 그래서는 안 돼. 상대가 끝까지 말하게 해줘야 해. 말하고자 하는 바를 분명히 전달할 수 있도록. 상대는 자신의 말에 귀 기울여주어 정말로 고마워할 거야."

제니퍼가 증거를 댄다.

"세상 최고의 권력자들과 결혼한 여성들에게는 공통점이 있어. 바로 잘 듣는 능력이지. 엘리자베스 테일러도 잘 듣는 사람이야. 그 커다란 보랏빛 눈동자로 말하는 사람에게 집중해서 상대가 제일 중요한 존재인 듯 느끼게 만들지. 영국 배우 노엘 카워드도 그랬어. 상대가 누구든 그 자리에서 가장 중요한 인물로 만들어버렸지. 작가 중에도 잘 듣는 사람이 많은데 그렇게 정보를 수집하는 걸 거야." 그녀가 내 눈을 바라보며 말한다. "온전히 듣지 않는 배우는 어려움을 겪을 수밖에 없다고 생각해. 연기는 듣고 반응하는 것이거든. 어떻게 보면 테니스 경기와 비슷하지."

제니퍼가 잠시 생각에 잠겼다가 무대 위의 독백처럼 멋진 소리로 말을 잇는다.

"사랑에 빠진 사람은 상대의 모든 말에 온전히 집중하게 돼. 듣는 것은 그처럼 사랑에서 중요한 부분인 거지. 사랑하는 사람의 말을 듣고 싶어지고 말이야. 사실 남편과 처음 만났을 때도 그랬어. 우리는 몇 시간씩 일과 삶에 관해 이야기를 나누었고, 곧 사랑에 빠졌지."

제니퍼가 그때를 떠올리며 웃는다.

"목소리만으로도 사랑에 빠질 수 있어. 시라노 드 베르주라크처럼 말이야. 여주인공은 편지를 읽어주는 그의 목소리를 들으며 결국 금발 미남이 아닌 코주부 시라노와 사랑에 빠지잖아."

제니퍼의 목소리가 더 낮아진다. 그녀는 생각에 잠긴 채 놀라운 고백을 한다.

"사실 난 주의력결핍증후군ADHD이야. 잘 들으려면 정말 힘들게 집중해야 해. 그래서 잘 들을 때도 있고, 그렇지 못할 때도 있어. 주의력결핍증후군인 사람의 마음은 아주 빨리 달리는 기차와 같아. 상대방이

> 감동하며 들어주는 사람은 늘 자극이 된다. _애거사 크리스티

말하는 것을 진짜로 잘 들으려면 속도를 억지로 낮춰야만 해. 나는 좋은 청자가 되고 싶고, 잘 들으려고 갖은 애를 쓰고 있어. 나부터가 얼마나 잘 듣는가로 사람을 평가하거든."

제니퍼가 경험에서 우러난 말로 마무리를 짓는다.

"충분히 그 자리에 존재하지 않으면 정확히 기억하지 못해. 온전하지 않고 정확하지 않은, 구멍 뚫린 기억이 남을 뿐."

내가 되묻는다.

"듣는 것이 진짜 경험을 만든다는 건가?"

"정확해. 바로 그거야."

사랑에 빠졌던 때를 돌이켜보세요. 연인과 멋진 대화를 나눴나요? 둘이 함께 어디에 있었나요? 그 상황을 아래에 묘사해보세요. 예를 들면 이렇게요. "그때 우리는 세인트레지스 호텔의 멋진 객실에 있었어요. 선명한 원색으로 꾸며진 방이었고 둥근 창으로 뉴욕 5번가가 내려다보였죠. 우리는 카펫 바닥에 함께 누워 대화를 나눴고요."

영감은 하늘에서 뚝 떨어지지 않는다

엠마 라이블리와 함께 작업한 세월은 거의 20년에 이른다. 그녀는 은빛 도는 짧은 금발의 미녀로 예술가답게 세련된 검은색 옷차림을 하고 있다. 보이는 모습뿐 아니라 내면적으로도 정돈된 느낌을 주는 그녀는 오랫동안 의식적 듣기를 훈련했다. 처음 만났을 때 엠마는 비올라 연주 석사 과정을 막 끝낸 상태였는데 이제는 성공한 작곡가로 활동하고 있다.

그동안 나는 엠마의 듣는 능력이 날카롭게 다듬어지는 모습을 옆에서 지켜봤다. 그녀에게 듣기에 관해 말해달라고 부탁하자 그녀는 흔쾌히 응해주었다.

"듣는 것은 내게 아주 중요하지. 나는 음악가로 훈련받았고 모든 소리에 귀를 기울여야 하니까. 사람들을 보면 잘 듣는 이도 있고 그렇지 않고 끼어드는 이도 있거든. 상대가 생각을 끝까지 말하도록 주의 깊게 듣는 게 좋아. 어떤 말을 하게 될지 모르는 경우가 대부분이니까. 안다고 생각해도 그렇지 않지. 상대가 말해야 하는 걸 듣는 것, 아니 말해야만 하는 걸 말하도록 해주는 것은 늘 흥미진진한 일이야."

엠마는 잠시 멈추고 생각하다가 말을 잇는다.

"듣는 습관은 근육처럼 훈련할 수 있어. 주의를 집중하는 훈련이지. 진정으로 귀를 기울인다면 상대가 꼭 말하려고 하는 걸 기억하게 되고 그렇게 학습이 이루어진다고 생각해."

나는 평소 작곡이 특별한 형태의 듣기라고 생각해왔다. 그래서 이번에 엠마에게 작곡에 대해 말해달라고 부탁했다.

"아, 그래. '음악은 저기 어딘가에 있고 작곡가는 그쪽으로 찾아가는 사람'이라고 말한 선생님이 있었어. 그 말처럼 나는 음악을 만들 때 허공에 귀를 기울이고 아이디어를 찾아. 잘 듣고 있으면 늘 힌트가 찾아오곤 하지. 나는 음악을 찾고 그 모습을 만들려고 해. 허공에서 음악을 끌어낸다고나 할까. 아주 어릴 때부터, 네 다섯 살 때부터 노래를 만들었어. 늘 음악을 듣고 있었지. 음악이 들리지 않는 상황은 상상해본 적도 없어. 시간이 흐르면서 점점 더 의식적으로 잘 듣는 법을 배우게 된 것 같아. 그러니까 난 늘 작곡가였고 점점 더 나은 작곡가가 되어가고 있어."

엠마가 말을 멈춘다. 혹시 너무 겸손하지 못한 말을 한 것이 아닐까 걱정이 되는 모양이다. 내가 보기에는 전혀 아닌데 말이다. 엠마가 다시 말을 시작한다.

"난 남들의 음악을 연주하는 것부터 시작해서 내 음악을 만들게 되었어. 도전적이고 짜릿한 작업이었지. 쉽지 않은 도전이었지만 내게 필요한 방향이었고 그래서 끌렸던 것 같아. 더 많이 작곡할수록 더 많이 알고 싶어. 지금까지 뮤지컬 여섯 편을 작업했는데 늘 또 다른 아이디어가 있다고, 그 아이디어가 나를 부른다고 느껴."

엠마는 말을 끝내고 싶은 모양이지만 내가 새로운 화제를 꺼낸다.

"작사 과정에 관해 설명을 해봐."

내 질문에 엠마가 천천히 생각하면서 말한다.

듣기는 낯선 이를 초대해 마음을 열고 함께 침묵하는, 세상에서 가장 큰 환대다. _헨리 나우웬

"가사를 만들 때는 약간씩 앞서서 듣는 것 같아. 그러니까 받아쓰기를 하는 식이라고 보면 돼. 가사는 수학과 비슷해서 빈자리에 정확히 맞는 걸 찾아야 하지. 딱 맞는 단어나 표현

을 찾아야 해. 나는 어떤 의미가 필요한지, 운율이 어떻게 되는지 아는 상태에서 계속 대안들에 귀를 기울여. 가장 맞는 게 나올 때까지 계속 듣는 거야."

엠마는 겸손하게 마지막 마무리를 한다.

"어떻게 보면 나는 음악을 하며 더 잘 듣기 위한 공부를 해온 것 같아. 나도 그랬지만 마치 훈련하듯 듣기에 집중한다면 누구나 잘 들을 수 있어."

나를 바꾸는 듣기 연습

좋아하는 음악을 틀고 집중해서 들어보세요. 어떤 느낌이 드나요?

다시 한번 더 깊숙이 주의 깊게 들어보세요. 똑같은 느낌인가요? 작곡가는 이 곡을 만들며 어떤 느낌이었을 것 같은가요?

세상과 연결된다, 인생이 즐거워진다

집 전화가 울리고 나는 달려가 받는다. 내 소리가 상대에게 들리지 않는다는 걸 어느새 잊었나 보다. 제니퍼가 건 전화다. 내 소리가 여전히 안 들리자 그녀는 투덜거린다.

"대체 언제 전화를 고치려는 거야? 정말 답답하다."

나는 세 번이나 서비스 기사가 왔는데도 소용이 없었다고 설명한다. 하지만 친구에게는 내 설명이 들리지 않는다. 물속에서 말하는 것처럼 웅얼거리는 소리만 들린다고 한다.

"뭐라는 거야? 안 들려."

"휴대전화로 다시 걸게."

나는 이렇게 말하고 전화를 건다.

"그래, 이제 훨씬 낫다."

"휴대전화로 건 거야. 어떻게 지냈어?"

나는 제니퍼의 안부가 궁금해서 묻는다. 하지만 제니퍼는 바로 본론으로 들어간다.

"왜 집 전화를 고치지 못하는 거야? 정말 신경 쓰인다."

"나도 이유를 모르겠어. 수리 기사는 올 때마다 고쳐졌다고 하는데, 기사가 가자마자 다시 똑같은 문제가 생기거든."

제니퍼와 통화한 후 네 번째로 온 수리 기사는 "기존 유선 전화는 과전압 상태가 돼요."라며 무선 전화를 써보라고 권했다. 나는 한 번도 무선 전화를 써본 적이 없어서 내키지 않았지만 다른 해결책이 없기에 차를 몰고 나가 신형 무선 전화기를 사 왔다. 친구가 와서 전화기를 설치해주었다.

나는 다시 제니퍼에게 전화를 건다.

"제니퍼, 이제 내 말이 들리니?"

"들려! 드디어 문제가 해결됐구나!"

제니퍼가 기뻐하는 목소리가 들린다.

"내 목소리가 들린다면 그런 셈이네."

"잘 들려. 진작 이랬어야지."

이 책을 쓰면서 전화가 안 되는 상황은 힘들었다. 마침내 다시 사람들과 연결되면서 나는 힘들었던 이유가 원활하게 서로의 소리를 들을 수 없었기 때문이었음을 깨닫는다. 듣기의 이로움에 대한 글을 쓰면서 우연하게도 전화기 고장을 통해 연결의 문제가 어떤 불안을 낳는지 이해하게 되었다. 그리고 연결이 잘 되는 것에 더 감사하게 되었다.

'잘 들리는 건 정말 즐거운 일이야. 듣는 일에 대한 글을 쓰면서 이런 일이 생기다니, 참 잘 맞아떨어지는걸.'

제니퍼와 통화를 마치고 나는 다시 대니얼 리전에게 전화를 걸어 12시 약속을 재확인한다.

사랑과 경청은 구분할 수 없다

"대니얼이라는 잘생긴 남자와 약속했어요. 붉은 머리카락을 가진 사람이에요."

빈자리로 안내해주는 직원에게 내가 말한다.

"오시면 안내해드리죠."

직원이 말한다. 나는 자리에 앉아 아이스티를 주문한다. 곧 대니얼이 도착한다. 청재킷에 청바지를 입고 카우보이 부츠를 신은 그는 서부 영화에서 튀어나온 주인공처럼 보인다.

"저도 같은 것으로 주세요."

그가 주문한다. 대니얼의 아이스티가 나오고 우리는 식사를 주문한다.

"전 지중해식 샐러드에서 새우는 빼주시고요. 고구마튀김을 주세요."

내가 주문하고 다음으로 대니얼이 주문한다.

"생선 타코하고 고구마튀김이요."

우리는 마주 보며 웃는다. 내가 한마디 한다.

"여기 고구마튀김이 정말 맛있지요."

"네, 맞아요."

"이 집에서 맛없게 식사한 적은 한 번도 없었어요. 다 맛있어요."

154

"고향 집 같은 푸근한 맛이랄까요."

"바로 그거죠."

나는 동의하면서 공책과 펜을 꺼낸다.

"그럼, 시작해볼까요?"

나는 듣기에 관해 이야기해달라고 대니얼을 초대한 참이다. 대니얼은 배우이자 감독이며 사진작가로 활동하고 글도 쓴다. 5분에 하나씩 새로운 재주를 개발해내는 것 같은 사람이다. 오랫동안 아티스트의 길을 걸어온 그는 매일 모닝 페이지를 하고 그것이 인도하는 대로 따른다고 한다. 처음에는 라디오 아나운서와 더빙 성우로 일을 시작했고 연기하고 싶다는 충동을 따라 오랫동안 배우 생활을 한 끝에 감독이 되었다. 그리고 틈틈이 단편 소설을 쓰고 소설을 쓰는 틈틈이 인물 사진을 찍는다. 하루에 여러 역할을 오갈 때도 있다. 오늘 그는 인터뷰를 위해 울림 좋은 라디오 목소리를 내고 있다. 자, 그런 그에게 듣기란 무엇일까?

"듣는 것은 우리가 할 수 있는 가장 중요한 일이죠. 잘 들으려면 상대와 연결되어야 해요. 듣기는 연결의 핵심이에요. 그저 듣는 시늉만 하는 사람들이 참 많아요. 실은 전혀 듣지 않고 어떻게 대답할지 궁리하면서 기다리는 거죠. 이건 대화를 통제하려는 행동이에요. 진정한 듣기는 통제를 포기하는 것, 그 순간

> 누군가의 말에 귀 기울여 듣는 일은 영광이다. 내용에는 동의하지 않더라도 얼마든지 이런 영광을 베풀 수 있다. _멕 웨이트 클레이턴

에 온전히 머무는 것이에요. 경청은 강력해요. 그 어떤 상호작용보다 중요하죠. 자신만의 세계에서 벗어나 주변과 연결되는 방법을 가르쳐줍니다."

대니얼이 말을 멈추고 차를 한 모금 마신다. 집중해서 생각하느라 눈썹 근처에 주름이 잡혀 있다. 그가 다시 입을 연다.

"대체로 자기 의견을 밀어붙이기 위해 귀를 기울이는 경우가 많죠. 진정한 듣기는 자기 의견을 포기하고 상대의 생각에 온전히 빠져들어 이해하는 거예요. 상대의 마음속에 있는 그 무언가에 귀를 기울이는 거죠."

식사가 도착한다. 먹느라 잠시 침묵이 흐른다. 대니얼이 다시 대화를 잇는다.

"경청은 원을 그리는 거예요. 원은 개방적이고 수용적인 도형이죠.. 그 상태에서 상대가 의도하는 대로 이끌려가는 거예요."

나는 샐러드를 한 입씩 먹는다. 대니얼은 생선 타코 세 개 중 하나를 금방 해치운다.

"전 존 스트라스버그와 제럴딘 페이지의 연기 스튜디오에서 공부하며 배우로서 듣는 법을 배웠어요. 배우에게 가장 중요한 건 함께 등장하는 동료 배우들에게 집중해서 그들의 소리를 듣는 거예요. 그렇게 듣지 않고 자기 순서만 기다리는 배우들이 많지만, 이렇게 되면 연결이 안 되어 어색해지죠. 오히려 다른 배우들에게 집중해서 귀를 기울이면 무엇을 이어가야 할지 알 수 있어요. 잘 듣고 있으면 자기 순서를 저절로 알게 돼요."

대니얼의 두 번째 생선 타코가 사라진다. 그는 손가락을 빨면서 말을 계속한다.

"듣기는 존중, 말하는 상대에 대한 존중이에요. 있는 그대로 상대를 존중하면 그들은 마음속을 열어 보여주죠. '저런 식으로는 한 번도 생각하지 못했는데'라는 깨달음이 올 수도 있어요."

대니얼이 세 번째 타코를 우물거린다. 그는 생각을 더 잘 전달하기 위해 상체를 앞으로 숙이고는 조심스럽게 말한다.

"잘 듣는 것은 통제를 포기하는 거예요. 사랑에 빠지는 것과 비슷하죠. 맞아요, 사랑에 빠지는 것과 정말 똑같아요."

나를 바꾸는 듣기 연습

마음이 이끄는 대로 들으려고 해보세요. 마음의 안내를 따라가 보는 겁니다. 그 길은 머리가 제시하는 방향과 다른가요? 어디로 가게 되나요? 마음의 안내를 따라본 경험을 적어보세요.

나의 내면에, 마음의 목소리에 귀를 기울이면 우리는 올바른 방향으로 안내를 받습니다.

생각을 먼저 알아줄 때 얻게 되는 것들

커피메이커가 보글거리며 쉭쉭 소리를 낸다. 한낮의 커피를 내리고 있다. 트레이너와 막 운동을 끝낸 참인데 트레이너는 자기가 요즘 빠져서 읽고 있다는 책 이야기를 들려준다. 개가 화자로 등장하는 그 책에서 갑자기 사람이 되면 뭘 하고 싶으냐는 질문에 개는 "잘 들을 거예요. 다들 제대로 듣지를 않거든요."라고 대답한다고 한다.

실제로 릴리는 누가 찾아온 소리를 나보다 먼저 듣는다. 누군가 마당에 들어서면 유리 미닫이문 앞으로 달려가 바깥을 살핀다. 좋아하는 사람이면 흥분해서 낑낑거린다. 개를 세 마리 키우는 가사도우미 후아니타, 열네 살짜리 핏불 개를 애지중지하는 집수리 전문가 앤서니를 특히 좋아한다. 이 두 사람이 와서 내가 문을 열면 릴리는 신나서 뛰어오른다. 바깥으로 달려 나가는 게 아니라 그들의 곁에 착 붙어 다닌다.

"안녕! 내가 좋은 건지, 우리 개들이 좋은 건지 모르겠구나."

후아니타가 말한다.

"릴리, 잘 있었니? 환영해주니 고맙구나."

앤서니도 부드럽게 인사한다. 정말 대환영 그 자체다. 릴리는 뒷다리로 서서 앞발을 손님 넓적다리에 대고 가끔 울부짖는 소리도

158

낸다. 내게 그런 모습을 보이는 경우는 연어 간식을 줄 때뿐이다.

오늘 오후 릴리는 흥분했다. 앤서니가 와 있기 때문이다. 차고 방수 보수를 하는 중이다.

"내일 비가 내리지 않으면 모레 정원용 호스를 가져와서 차고 지붕에 물을 뿌려 상태를 확인하겠습니다."

앤서니가 다음 일정을 설명한다. 그는 맡은 일을 꼼꼼하고 완벽하게 해내는 사람이다. 오늘은 아내 카멜라도 함께 왔다. 쉬는 일요일에 작업을 하게 되어 부인이 조수 겸 따라온 것이다. 손발이 척척 맞는 부부는 세 시간 반 동안 신나게 작업한다. 나는 커피를 내리고 잠깐 들어오라고 권한다. 카멜라가 먼저 들어와 주방 개수대에서 손을 씻는다. 그리고 거실에 앉아서 크리스털 조명등을 칭찬한다.

> 대화의 기술은 결국 단 하나, 귀 기울여 잘 듣는 것이다. _맬컴 포브스

"정말 예뻐요!"

카멜라는 커피를 마시며 지금은 뭘 쓰는 중이냐고 묻는다.

"듣기에 관한 책이에요."

"듣는 건 참 중요하죠."

카멜라가 자기 경험을 털어놓는다.

"전 10년째 고급 보석 가게에서 일하고 있어요. 다이아몬드를 주로 판매해요. 일하면서 보니 여자 손님들은 자기가 원하는 걸 정확히 알더군요. 잘 듣기만 하면 구체적인 얘기가 나와요. 그래

서 손님들이 알아서 말하게끔 하는 법을 배웠죠. 원하는 게 다이 아몬드라면 아무리 예쁜 터키석을 보여줘도 소용없어요.”

그녀가 미소 짓는다. 본래도 미녀지만 웃으면 한층 더 아름답다.

“보통 5캐럿이 넘는 제품은 재고가 별로 없어요. 그런데 어떤 손님은 8캐럿짜리 귀걸이를 양쪽 귀에 달고 싶어 하더군요. 전 너무 과하다고 생각했어요. 그렇지 않나요?”

카멜라가 미소 지으며 즐겁게 커피를 마신다. 문이 열리고 앤서니가 합류한다. 릴리가 곧바로 그의 무릎에 매달린다. 앤서니는 부드럽게 개를 안아 올린다.

“녀석, 너도 한 자리 차지하고 싶은 거지.”

릴리가 앤서니 품을 파고든다. 그는 사랑이 넘치는 사람이다. 릴리는 그가 토닥이는 손길을 한껏 즐긴다. 우리는 기분 좋은 침묵 속에서 잠시 휴식 시간을 보낸다. 앤서니가 커피를 다 마시고 빈 잔을 개수대에 넣는다. 어서 일을 계속하고 싶은 것이다. 앤서니가 나가자 카멜라가 다정하게 말한다.

“우리는 40년을 함께 보냈어요. 신혼여행 같은 건 없었죠. 그건 괜찮은데 남편이 통 쉬지를 않아 걱정이에요. 일을 워낙 좋아해서요. 애들 집도 자기가 알아서 다 손봐주고 있답니다.”

앤서니는 자기 일을 자랑스러워하고, 카멜라는 그런 남편을 자랑스러워한다.

친구에게 가장 원하는 게 무엇인지 물어보고 대답을 들어보세요. 친구는 무엇을 가장 원하고 있었나요?

_____

_____

혹시 당신은 친구의 말을 다 듣기도 전에 무슨 말이 나올지 안다고 생각하다 깜짝 놀라지 않았나요? 친구의 깊숙한 내면의 소망에 귀를 기울이면 깊은 친밀감으로 연결되는 드문 경험을 하게 됩니다.

집중하고 있다고 온몸으로 표현하라

마침내 집 전화가 고쳐지고 나는 멀리 사는 친구들에게 다시 연락을 할 수 있게 되었다. 먼저 뉴욕에 전화를 걸었다. 베테랑 배우 제임스 다이버스와 통화하기 위해서였다. 제임스는 무용수 출신이라 그런지 수십 년이 흐른 지금도 날렵한 몸매를 유지하는 미남이다. 늘 눈을 반짝거리며 미소를 짓는다. 부드러운 저음의 목소리도 외모만큼이나 매력적이다.

"제임스 다이버스입니다."

그가 전화를 받는다. 상대에게 에너지를 주는 따뜻한 목소리다.

연기에 더해 더빙 일도 자주 하는데 왜인지 충분히 이해된다. 그는 시각장애인들을 위한 책 읽기 봉사도 하고 있다. 최근에는 소설한 권을 녹음했다고, 자기 목소리로 봉사를 할 수 있어 좋다고 한다. 내가 듣기에 대해 말해달라고 하자 그는 잠시 생각에 잠겼다가 "그러면 배우로서의 듣기에 대해 말씀드릴 수 있겠네요."라고 겸손하게 말한다.

"잘 듣는 것은 그 무엇보다도 중요합니다. 그냥 듣는 것과 주의 깊게 듣는 건 달라요. 주변의 모든 것을 무시하게 되는 순간이 있죠. 하지만 잘 들으려면 온전히 집중해야 합니다. 상대가 보내는 것을 받아들이고 적절히 반응하는 데 주의를 기울여야 해요."

제임스가 말을 멈추고 생각을 정리하는 듯하더니 다시 말을 잇는다.

"저는 우타 하겐에게서 연기를 배웠습니다. 선생님은 현재의 순간에 온전히 존재하고 함께 있는 사람에게 귀 기울이라고 하셨어요. 연기는 배구 경기와 비슷하다는 말씀도 했습니다. 선생님은 《산 연기》라는 책을 쓰셨는데 거기에 이런 구절이 있어요. '단어는 의도를 갖고 능동적으로 보내진다. 이를 제대로 받아들이려면 그 의도를 들어야 한다. 그리고 그 의도에 듣는 사람 나름의 시각과 예상이 더해져 단어의 의미가 만들어진다.'"

"그러니까 듣기가 능동적 기법이라는 건가요?"

"네. 실제 삶에서는 고맙게도 상대가 하는 말의 4분의 3 정도는 들을 수 있어요. 두 귀로 듣고 눈으로 몸짓을 해석하죠. 친한 친구의 말을 들을 때는 어깨를 으쓱하거나 상체를 앞으로 숙이는 등 듣고 있다는 신호를 보내게 돼요. 잘 듣는 것은 우리에게 물리적인 영향을 미칩니다."

제임스가 사례를 든다.

"연극 〈진 게임〉The Gin Game을 볼 때였어요. 흄 크로닌과 제시카 탠디가 출연했죠. 어떤 장면에서 탠디가 뭔가 충격적인 대사를 하자 크로닌의 얼굴이 시뻘겋게 되더군요. 얼마나 잘 듣고 있었는지 보여준 거죠."

그 기억이 다른 생각을 끌어낸 듯, 그가 한참 말을 정리한 뒤 이야기한다.

"듣는 것은 정말이지 중요합니다. 이메일은 잘못 읽고 오해하는 일이 많아요. 반면에 말하고 듣는 상황에서는 목소리의 변화나 몸짓 등에서 단서가 나오죠. 글로 쓰인 생각은 본래의 생각과 달라요. 그래서 걸핏하면 오해가 생기죠. 말하기와 듣기에서는 상대의 흐름을 따라가게 돼요. 그래서 잘 듣는지 아닌지 바로 알 수 있죠. 잘 듣고 있을 때는 눈을 깜박거리지만 아닐 때는 부릅뜨죠. 대화를 할 때는 목소리 톤도 중요해요. 상대를 끌어들이는 톤과 해도 그만, 안 해

말하기가 은이라면 듣기는 금이라고 할 수 있다. _터키 속담

도 그만인 소리를 늘어놓는 톤은 다르죠. 때로는 듣고 싶지 않을 때도 있어요."

그렇지만 원하든 원하지 않든 매일 들어야 할 때도 있다고 그는 말한다.

"저는 하루를 기도와 명상으로 시작해요. 먼저 기도를 하고 조용히 앉아 작은 목소리에 귀를 기울이죠. 마치 신과 전화 통화를 하는 것 같아요. 명상 없는 기도는 전화를 걸어놓고 신이 말하기 전에 끊어버리는 거예요. 저는 20분 정도 침묵에 귀를 기울입니다. 고요하고 작은 소리를 듣는 거죠. 물론 그리 고요하지 않은 날도 있어요. 이 과정을 거쳐 저의 하루가 온전하게 시작되고 저는 바깥 세상으로 나갈 준비가 됩니다. 도시의 소음에 압도되지 않으려면 이런 침묵의 시간이 필요해요."

나를 바꾸는 듣기 연습

친한 친구와 대화를 해보세요. 제임스의 말처럼 눈을 깜박이면서 당신이 집중하고 있다는 걸 친구에게 알려주세요. 친구의 몸짓을 살펴보며 단서를 찾아보고, 당신 역시 몸짓으로 집중하고 있다는 걸 전달하세요. '눈으로 듣는다'라는 제임스의 말을 꼭 기억하세요.

상대의 공간을 지켜주는 마음

제러드 해킷과 나는 52년 지기 친구다. 대학 신입생 시절에 만나 지금까지 가깝게 지내고 있다. 키가 크고 마른 제러드는 빛나는 갈색 눈에 콧수염을 기른 멋쟁이다. 늘 긍정적이어

> 대부분 사람은 이해하기 위해 듣지 않는다. 그저 대답하기 위해 들을 뿐이다. _스티븐 코비

서 쉽게 미소 짓고 웃음을 터뜨린다. 우리는 긴 세월 동안 어울리면서 감동적이고 의미 있는 대화를 많이 나누었다. 대화에 능숙하고 잘 듣는 제러드는 언제든 생각을 나눌 준비가 되어 있다. 그래서 나는 그에게 듣는 일이 어떻게 우리 우정의 핵심이 되는지 말해달라고 부탁했다.

"의미 있는 대화를 원한다면 잘 듣는 건 무척이나 중요해. 대화를 위한 도구 상자에서 핵심이라 할 수 있지. 양측이 만족스러운 대화를 원한다면 말이야."

제러드가 잠시 멈췄다가 생각에 잠겨 말을 잇는다.

"훌륭한 대화는 양쪽 모두에게 배움을 선물해. 모두가 말하고 들을 기회가 있다면 학습의 여건이 조성되는 거야. 모두가 '이건 한 번도 생각해보지 못한 중요한 지점인데'라고 느끼거든. 그래서 잘 들으면 통찰을 얻을 수 있지만 어느 한쪽이 대화를 독점한다면 결코 얻을 게 없지."

그가 다시 침묵한다. 그리고 과거를 회상하는 투로 말한다.

"난 어릴 때부터 대화를 중시하는 분위기에서 자랐어. 일대일 대화에서 적극적인 듣기와 적극적인 말하기가 얼마나 중요한지 알았지. 애들은 보면서 배우니까. 집에서 식사하며 모범이 되는 대화를 일찍 접했다고 볼 수 있어."

그러곤 다시 현재로 돌아온다.

"듣지 않고 자기 말만 하는 사람을 만나면 내 마음도 느슨해지곤 해. 적극적으로 듣기와 말하기에 집중하는 두 사람이 없다면 의미 있는 대화의 가능성은 사라지고 말지. 독백을 들어줘야 하는 상황이 오면 난 최대한 빨리 거기서 빠져나오려고 해."

그가 말을 멈추었다가 다시 계속한다.

"좋은 듣기가 없는 대화, 독백이 반복되는 대화는 사람을 불편하고 지치게 만들어. 그럴 때는 더 이상의 대화를 시도하지 않지. 나는 잘 듣는 사람 그리고 솜씨 좋게 말하는 사람과의 대화를 늘 고대해. 그런 대화는 오래 기억에 남으니까. 그런 대화에 독백은 없어. 양쪽이 똑같이 참여하고 상대의 의견을 기꺼이 수용해. 대화하는 상대에게 귀를 기울이는 건 존중의 문제야. 인간으로서 서로를 존중하고 상대의 시간과 공간을 침범하지 않는 일이야."

그리고 나서 그는 말을 정리한다.

"난 '대접받고 싶은 대로 상대를 대접하라'라는 황금률이 대화에 적용되어야 한다고 생각해. 좋은 대화는 많은 것을 가르쳐줘. 혼자서 너무 많이 말하고 상대의 말을 듣지 않는다면 배울 기회를 날려버리는 거야. 잘 듣지 못하면 잃는 게 참 많아."

나를 바꾸는 듣기 연습

우리는 들음으로써 배웁니다. 친구의 말을 의식적으로 들어보세요. 중간에 끼어들지 말고요. 친구가 자기 생각을 충분히 펼쳐내도록 해주는 겁니다. 얼마든지 감탄하고 감동해도 좋아요. 그다음에는 엽서를 사서 '멋진 대화를 함께 해주어 고맙다'라고 쓴 후 우편으로 보내보세요.

타인의 열정에 귀 기울여라

거실 창밖에 잣나무가 하늘을 바라보며 조용히 서 있다. 날이 저물어 나뭇가지는 검푸른색이다. 그 아래에는 어두운 하늘 아래 눈처럼 하얀 털이 도드라지는 릴리가 서 있다. 바람이 잦아들면서 탐험에 나선 것이다. 잣나무는 더 이상 위협적이지 않다. 새들이 가지 위에 옹기종기 앉아 있다. 오늘 하루의 노래 부르기를 마쳤고 이제 내일이 시작되면 다시 노래를 시작할 참이다.

들기에 관한 이 책을 쓰면서 나는 주변의 작은 소리에 더욱 집중하게 되었다. 새들의 노래가 크게 들린다. 바람 소리도 그렇다. 오늘 저녁 우리 집은 부엌의 시계 소리를 빼고는 온통 고요하다.

갑자기 릴리가 짖는다. 거칠고 날카롭게 컹컹거린다. 이웃들에게 방해가 될까 걱정스러워진 나는 창가로 달려가 외친다.

"릴리! 연어 먹자! 간식!"

하지만 릴리는 내 꼬드김에 넘어오지 않는다. 내가 포기하고 안

으로 들어오자 다행히도 릴리가 조용히 따라 들어와 간식을 기다린다. 연어 포장을 벗겨 릴리에게 주고 개 출입구

를 닫는다. 이게 불만인 릴리는 안락의자 뒤에서 몇 차례 울부짖는다. 바깥으로 다시 나가 큰 소리로 짖고 싶은 것이다. 하지만 "조용히!"라고 하니 결국 조용해진다. 집 안은 다시금 시계 소리만 들리는 고요한 상태로 돌아간다.

출장에서 막 돌아온 참이라 그런지 나는 외롭다는 느낌이 든다. 친구 로라에게 장거리 전화를 건다. 시카고에 사는 친구다.

"안녕!"

로라의 목소리에 반가움이 넘쳐난다.

"줄리아, 어떻게 지내? 혹시 우울해서 전화한 거야?"

거짓말을 해봤자 소용없을 것 같아 나는 솔직히 대답한다.

"응, 좀 그러네."

"조금 그렇다고? 어떻게 하면 기분이 나아질까?"

"너랑 얘기하면 좋아질 거야. 너랑 얘기하는 건 늘 즐거우니까."

정말이다. 로라는 상대를 편안하게 만들어준다. 전화선 너머 목소리도 다정하고 사랑스럽다. 로라는 내 말에 감사해한다.

"그래? 고마워."

로라의 말에 웃음이 어려 있다.

"그건 네가 잘 듣는 사람이기 때문일 거야."

내가 말하자 로라가 응수한다.

"우리가 친구로 지낸 지 벌써 25년이 되었어. 오랜 친구 사이가 되면 들리는 말 이면의 것을 들을 수 있어. 목소리, 분위기를 보고 상대의 진짜 느낌을 아는 거지. 아마 넌 그걸 말하는 것 같아."

"로라, 넌 사람을 편안하게 해줘. 예전에 학생들을 가르치는 동안에도 분명 그랬을 거야."

"그래, 가르칠 때는 듣는 게 정말 중요했어. 학생들에게 무슨 일이 일어나는지 아는 방법이 그거였거든. 목소리를 듣고 있으면 이 학생이 집중하는지, 피곤한지, 고민이 있는지 알 수 있어. 구체적으로 말하지 않아도 부모님의 재혼으로 혼란스러워하는 마음을 알아차릴 수 있었지. 귀를 기울이면 그런 세세한 면이 들리더라고."

로라가 말을 멈추고 가볍게 한숨을 쉬었다. 학생들을 가르치던 시절이 그리운 것이다.

"학생들 질문을 듣는 것도 정말 중요했어. 수업을 어떻게 끌고 가겠다는 그림이 정해져 있어도 질문을 받으면 다른 방향으로 향하게 되지. 흐름이 좀 달라지더라도 학생들의 관심이 중요하니까. 난 학생들의 말, 목소리, 표정 등 단서와 신호를 열심히 수집했어. 집중력을 총동원해서 들었지. 안 그러면 제대로 된 선생이 아니라고 생각했어."

"늘 그러기는 힘들었을 텐데."

로라가 다시 한숨을 내쉬었다.

"맞아. 갈등이 생기면 문제의 핵심에 귀를 기울이려고 했어. 학생들의 얘기를 귀담아들으면서 조금씩 이해해나갔지. 그렇게 알아갈수록 학생들을 더 사랑하게 되었고. 건성으로 듣는 건 내가 용납할 수 없었어. 그래서 정말 주의를 집중해서 들었지."

"너랑 대화하면 바로 그렇게 집중해준다는 느낌을 받아."

"글쎄, 난 듣기는 그럭저럭할지 몰라도 말은 잘 못해. 그래서 늘 관찰하거나 듣는 편이었어."

로라가 겸손하게 말한다.

"들으려면 인내심이 필요해. 상대에게 집중하고 잘 반응할 준비가 되어야 해. 인내심이 아주 많이 요구되는 상황도 있어. 상대의 이야기가 길고 복잡하고 너무 상세하면 그렇지. 영재 유치원생부터 학습 장애가 있는 10대까지 가르치며 깨달았어. 잘 들으면 학생들을 알게 된다는 걸 말이야. 똑같은 학생은 하나도 없어. 관심사도, 좋아하는 지점도 다 다르지."

"네 일에 대해 듣는 게 참 좋다. 넌 정말 열정적이구나."

"열정은 금방 사라지는 거야. 핵심은 집중이지."

나를 바꾸는 듣기 연습

친구의 말을 들으며 친구에게 어떤 열정이 있는지 파악하고 칭찬의 말을 해주세요.

공감과 존중은 곧 나의 매력

밤하늘에서 반달이 빛난다. 샌타페이와 애슈빌의 여러 산들이 달빛을 받는다. 나는 샌타페이에 있고 시인이자 내 친구인 제임스 나베는 애슈빌에 있다. 그는 벨이 울리자마자 전화를 받는다. 언제 들어도 따뜻하고 다정한 목소리다. 늘 산을 오르는 덕분인지 말투도 활기차다.

"나베입니다."

"듣기에 관해 이야기하고 싶어서 연락했어요. 책을 쓰는 중이랍니다."

"어떤 것보다 이야기할 게 많은 주제군요. 듣는 것은 배우고 익혀야 하는 자질 중 첫 번째죠. 우선순위 중 가장 위에 있다고나 할까요."

"계속해주세요."

나는 그에게 요청한다.

"듣는 행동은 공감을 불러일으켜요. 호기심 수준이 올라가죠. 공감과 호기심이 혼합되면 존중이 나타나고요. 요즘 우리는 잡음은 잘 듣지만 상대의 이야기에 귀를 기울이지는 않아요. 집중해서 들으면 놀라운 영혼을 만날 수 있는데 말이에요. 말은 길을 안내하는 빵 조각과도 같아요. 그걸 따라가다 보면 진짜 자아가 사는 숲에 들어가게 되죠."

듣기는 상대와 함께하려는 진실된 욕구이자 마음의 태도로 매력과 치유의 원천이다. _크리스토퍼 이섬

제임스가 말을 멈춘다. 그는 그 침묵에서 무언가를 들은 듯 곧 말을 잇는다.

"사람들은 자신을 봐주기를, 돌봄 받기를, 인정받기를 간절히 바라죠. 듣기는 그 모든 걸 해줘요. 잘 들어주면 상대는 집처럼 편안한 느낌을 받을 거예요. 집이란 너그러운 곳이잖아요. 늘 내 말을 들어주는 곳이죠."

그가 다시 멈췄다가 말하기 시작한다.

"잘 듣는 건 사랑의 행동이에요. 시간을 내주는 건 깊이 보살피는 행동이거든요. 또 시간을 내준다는 건 잠시 멈추고 떠오르는 생각을 잡을 수 있도록 침묵을 허용하는 거죠. 이런 듣기의 핵심은 너그러움, 공감, 존중, 인내입니다. 상대방에 대한 공감과 함께 존중을 전달하죠. 하지만 자기 자신을 잘 듣는 것도 똑같이 중요해요. 근본적으로 듣는다는 건 자기 자신 또는 상대방과 사랑에 빠지는 거예요."

제임스는 잠시 짬을 두었다가 덧붙인다.

"듣기에 관해 이렇게 여러 생각을 하게 된 건 라디오 토크쇼를 진행한 덕분이에요. 지금까지 인터뷰를 130건 정도 했죠. 가치 있는 대화에 대해 생각하게 하는 프로그램이에요."

내가 한마디 한다.

"방금 그런 대화를 직접 보여줬네요."

나를 바꾸는 듣기 연습

친구와 일대일로 대화를 나눠보세요. 그리고 친구가 무엇에 가치를 두는지 지켜보세요. 알아냈다면 그와 관련된 질문을 해서 상세한 내용을 확인해보세요.

통찰, 예상 못 한 순간의 방문객

맑고 추운 겨울날이다. 릴리가 산책하러 가자고 성화여서 나는 두 꺼운 겨울옷으로 무장하고 릴리의 목걸이에 줄을 끼운다. 북쪽으로 방향을 잡고 오르막 흙길을 걷는다. 400미터쯤 올라가면 흙길이 끝나고 포장도로가 시작된다. 우리가 올라가는 동안 까마귀 한 마리가 전신주에서 나무 꼭대기로 이리저리 옮겨 다니며 깍깍 소리를 낸다.

릴리는 그 소리를 "어서 서둘러."라는 말로 알아들었는지 자꾸 줄을 당겨 시끄러운 새와 보조를 맞추려고 한다. 하지만 나는 속도를 높이지 않고 천천히 걷는다. 까마귀가 날개를 퍼덕거리며 되돌아오더니 우리 머리 바로 위에 있는 전신주 꼭대기에 앉는다. 릴리가 당황한다. 소리는 들리는데 새가 보이지 않으니 말이다. 까마귀가 자기를 무시한다고 생각하는 듯 멈춰 서서 두리번거린다.

"괜찮아, 릴리."

내가 말하지만 소용없다. 릴리가 으르렁 소리를 낸다. 까마귀가 대답하듯 깍깍거린다. 릴리가 날아보겠다는 듯 뛰어오른다.

"괜찮아, 릴리."

내가 다시 말한다. 까마귀는 개 놀리기가 재미있는 모양이다. 더 크게 소리를 낸다. 릴리도 짖는다. 아마 '당장 내려와! 잡아먹어 줄

테니'라는 뜻인 모양이다. 겁을 먹기라도 한 듯 까마귀가 다시 날아오르더니 이번에는 멀리 사라져버린다.

나는 집 쪽으로 방향을 돌리며 자칫 놓칠 수 있었던 장면, 산속 까마귀가 선물한 마법에 감사해한다. 자연에 집중하고 반응한 릴리의 모습이 인상적이다. 집에 가면 친구에게 연락해 그저 귀를 기울여보기로 한다. 주제도 질문도 없이 그저 친구의 일상에 관심을 보이기로 말이다.

집으로 돌아와 제니퍼에게 전화를 건다. 오디션을 본다고 했던 날이라 어떻게 되었는지 궁금하다. 79세인 제니퍼는 에너지가 젊은이 못지않다. 은퇴는커녕 여전히 활발히 활동하며 에미상을 받기도 했다. 제니퍼는 늘 내 일이 어떻게 되어가는지 궁금해한다. 일은 이 친구의 1순위 관심사다.

"안녕! 어떻게 지내?"

제니퍼가 즐겁게 인사한다. '어떻게 지내?'라는 말은 오늘 글을 얼마나 썼느냐는 질문이다.

"잘 지내. 글은 조금 썼어."

내가 대답한다. 제니퍼는 20분 기법을 동원했느냐고 다시 묻는다. 20분 기법이란 타이머를 20분에 맞춰두고 그 시간 동안만 집중한다는 전략이다. 이렇게 하면 일을 시작하기 쉽다. 딱 20분만 하면 되니까 부담이 없다. 그리고 그렇게 시작해서 계속하게 되는 경우가 많다.

"그랬지! 정말 효과가 있다니까."

제니퍼는 릴리의 안부도 묻는다. 동물을 워낙 좋아하기 때문이다. 이어 우리 딸과 손녀가 어떻게 지내는지도 묻는다. 모두 별일 없다고 보고가 끝난다. 드디어 내가 제니퍼에게 오디션에 관해 물을 차례다.

"잘될 것 같아. 매니저 말이 괜찮았다고 하니 두고 봐야지."

제니퍼가 즐겁게 대답한다. 베테랑 배우인 그녀는 기다릴 줄 안다. 경력이 캐스팅을 보장하지는 않기 때문이다. 가끔은 "좀 더 나이 들어 보이는 사람을 원하더라고."라고 말할 때도 있다. 제니퍼는 70대 후반이지만 카메라 앞에서는 60대 초반으로밖에 보이지 않는다. 할머니 역할에 안 어울리는 것이다. 나는 어째서 잘될 것 같다고 생각하는지 설명을 듣고 싶지만 그녀는 말하기보다는 듣고 싶은 모

대화의 기술은 듣는 것과 더불어 듣게 하는 기술이다. _윌리엄 해즐릿

양이다.

"그건 그렇고, 전에 말했던 대본 작업은 어떻게 돼가? 1월에 리딩 작업을 할 수 있을까?"

"아직 모르겠어. 장면 두 개를 새로 넣어야 하거든. 하나는 1막 앞에, 다른 하나는 2막 앞에. 시간 경과를 보여줘야 해서 그래."

"이미 시간 경과를 보여준 것 같은데."

제니퍼는 살짝 반박해보지만 감독이 지시했다고 하니 별수 없이 승복한다는 듯 한숨을 내쉰다.

"남편은 좀 어때? 코감기가 심하다며."

"닭고기 수프를 만들어줬어. 낫는 중이야."

전화선을 통해 제니퍼의 수프 냄새가 풍겨오는 것 같다.

"레시피를 알려줄게."

제니퍼가 말한다. 그녀가 알려준 훈제 연어 요리법으로 저녁 모임을 여러 차례 잘 치른 적이 있다. 그 수프를 맛볼 수 있다면 감기에 걸려도 괜찮겠다는 생각까지 든다.

"이제 가봐야 해. 남편이 수프를 더 먹겠다네. 이웃 사람들도 수프를 얻어갔어. 다들 맛이 좋다더군. 아마 너도 좋아할 거야."

두말하면 잔소리다. 친구가 하루를 어떻게 보냈는지 들은 나는 작별 인사를 한다.

나를 바꾸는 듣기 연습

가장 가까운 이들의 말을 오히려 가장 귀 기울여 듣지 않는 일이 종종 일어납니다. 잘 아는 관계이다 보니 무슨 말을 할지 이미 안다고 생각하고 끼어들어 상대의 말을 완성해버리죠. 하지만 상대가 말하지 않은 생각은 절대로 알지 못합니다. 친밀한 듣기를 시도해보면 이는 더욱 분명해집니다. 상대가 무엇을 말하고 느끼고 생각하는지 깨달으며 놀라게 될 거예요.

가장 친밀한 사람과 대화해보세요. 상대의 말을 끝까지 듣고 그의 말 중 깜짝 놀랄 만한, '미처 몰랐던 것들'을 기록해보세요.

_____

_____

_____

전부 들을 필요는 없다

"하지만 모든 사람의 말을 잘 들을 수는 없어요. 그리고 그럴 만한 가치가 없는 사람에게도 귀를 기울여야만 하는 건가요?"

집중해서 들어야 한다고 처음 설명할 때면 이런 질문이 자주 나온다. 이는 오해에서 나오는 질문이다. '그저 듣기만 할 뿐 판단하지 말라'라는 식으로 내 설명을 받아들인 것이다. 하지만 잘 듣는 것은 우리의 판단을 훨씬 더 명료하게 만든다. 온전히 들음으로써 무엇에 집중하지 않아야 하는지, 더 나아가 무엇을 멀리해야 하는지 알게 된다. 듣기란 우리 자신에게 귀를 기울이는 것이기도, 그래서 듣지 말아야 할 사람이 누구인지에 대한 우리의 직관을 더 키우는 것이기도 하기 때문이다.

작은 개가 밥을 먹는다. 와그작와그작 사료가 부서지는 소리가 들린다. 목걸이가 그릇에 부딪히며 쨍그랑거린다. 그 위에서 부엌 시계가 째깍째깍 움직인다. 개가 조용해지면 시계 소리가 커진다. 흐린 날씨다. 가볍게 비가 지나갔고 지금은 그쳤다. 나 홀로 저녁 식사를 하기 위해 차를 타고 나가려는 상황이다. 유쾌하지 않았던 어제 저녁 식사를 위로하기 위한 선택이다.

구름 사이로 해가 빼꼼히 모습을 드러낸다. 분홍색, 보라색, 주황색이 어우러진 멋진 노을이다. 나는 내가 좋아하는 카페로 가서 채소 요리를 먹는다. 채식주의자에게 딱 맞는 메뉴로 케일, 버섯, 호박, 양파, 고구마 위에 채식 치즈와 고추가 올라가 있다. 즐겁게 먹으면서 어제 저녁에 내가 먹는 음식들에 대해 친구들이 했던 말을 떠올린다. 의도는 좋았을지 몰라도 거슬리는 말들이었다. 내가 언제 묻기라도 했나?

"연어 조금 먹는다고 문제 될 건 없어."

"과일은 블루베리랑 라즈베리만 먹도록 해. 다른 건 안 돼."

"오트밀 대신 저지방 요구르트를 먹지 그래."

부탁하지 않았고 반갑지도 않은 충고들이었다. 갑자기 집중포화를 맞은 듯했다. 여러 독백을 받아줘야 하는 위치에서 나는 집중하기보다 건성으로 들어 넘겼다. 내가 추구하는 듣기와는 거리가 먼 걸러내기였다. 답답하고 불쾌했다. "누가 물어봤어?"라고 받아치고 싶었다.

청하지 않은 충고만큼 대화를 빠르게 망가뜨리는 것도 없다. 부탁하지 않은 가르침에는 오만함이 숨어 있다. '네가 어떻게 살아야 하는지 너보다 내가 더 잘 알아'라는 메시지가 담겨 있다. 거부감이 드는 건 당연하다. 잘 듣는 일은 오만함이 아닌 존중을 토대로 한다. 청하지 않은 충고는 상대의 귀를 닫아버린다. 이건 폭력의 일종이다.

"도와주려고 했을 뿐이야."

충고를 하는 사람이 흔히 하는 말이다. 하지만 이건 진짜 도와주려고 한 말이 아니다. '너는 이 문제를 해결할 능력이 없어'라는 뜻이다. 이런 말은 상대를 돕기는커녕 무너뜨린다. 자기 확신이 아닌 자기 의심을 불러일으키고, 심각한 경우 상대의 반항심을 자극해 분노가 끓어오르도록 한다. 그런데 이들은 듣는 사람이 화를 내면 심지어 이렇게 말하기도 한다.

"그러려는 의도가 아니었어."

좋은 의도에서 그렇게 말했다는 친구들은 때로 충고 아래에 숨은 오만함을 스스로 깨닫지 못한다. 최근에 자기가 머리를 산뜻하게 잘랐다고 해서 긴 머리를 뿌듯해하는 친구에게도 머리를 자르라고 강요한다면 어떨까? 그저 솔직한 거라고? 이건 자기 방식이 최고라고 말하는 것과 다름없다. "난 머리를 짧게 잘랐어."라고 말하는 것과 "너도 머리를 짧게 잘라야 해."라고 말하는 것은 다르다. 단순히 개인의 경험을 공유하는 말투는 충고하는 말투가 결코 아니다.

우리 각자는 원하는 바가 다르고 원하는 바를 이루기 위한 전략도 다르다. 나는 집에서 혼자 일하기 때문에 저녁 식사 약속을 자주 잡는다. 좋은 식사를 하고 친구들과 어울리고 싶은 마음을 그런 방식으로 채우는 것이다. 그런 내게 "밥은 집에서 먹어야지. 그래야 돈도 많이 절약돼."라고 충고하는 친구는 의도는 좋을지 몰라도 내 상황

> 주의 깊게 들으면서 동시에 다른 일을 하는 건 불가능하다. _스콧 펙

을 고려하지 못한 것이다. 그 친구는 결혼한 상태이고 집에서 요리해 가족과 함께 먹을 수 있으니 말이다.

먼저 요청하지 않은 조언은 "들어봐. 네가 어떻게 해야 하는지 알려줄게."라는 말로 시작되곤 한다. 그럴 땐 "내가 어떻게 해야 하는지는 나도 알아."라고 바로 끊어버리는 방법도 있다. 그렇게 말했는데도 계속 충고를 하려는 친구가 있다면 "그렇게 날 고쳐주려고 하면 내가 고장 난 사람이라는 뜻이 되는 거야."라고 말해보면 어떨까? "아냐. 그런 뜻은 전혀 아냐." 친구는 아마 이렇게 부정할 것이다. 당신이 던진 말에 깜짝 놀라고 충격을 받을지도 모른다. 그저 도와주려고 했을 뿐인데 그렇게 심한 말을 한다고 서운해할 수도 있다.

그 친구는 모를지라도 그 도움은 실상 자기를 과시하는 행동이다. 상대보다 더 똑똑하고 더 유능하다고 느끼고 싶지 않은 사람이 어디 있겠는가? 더욱이 도와주려고 하는 행동이라니, 명목도 훌륭하지 않은가? 그러나 진정한 듣기는 상대를 고치려 하지 않으면서 귀를 기울이는 것 그리고 우리를 깎아내리려는 상대에게 맞서 자신을 보호하는 것이다.

나를 바꾸는 듣기 연습

당신의 말을 귀 기울여 들어주는, 당신의 잠재력을 알아봐주는 친구들의 이름을 써보세요. 낙관주의와 가능성을 불어넣는, 그리하여 희망과 후련함을 느끼게 해주는 친구들 말이에요.

그다음에는 그런 친구들과 반대쪽에 있는 친구들의 이름도 써보세요. 청하지도 않은 조언을 해주는 친구, 당신의 말을 열심히 들어주지 않는 친구, 대화하고 있으면 압박감을 느끼게 하는 친구, 자꾸만 당신이 자기방어에 나서야 하는 친구가 여기 들어갈 겁니다.

이 중에서 서로의 상호작용에 관해 이야기하고 싶은 사람이 있나요?

가능한 한 피해 가는 게 좋을 것 같은 사람은요?

명단을 보며 곰곰이 생각해보세요. 그리고 혼자 산책하면서 생각을 이어가세요. 각 친구에 대한 올바른 대처법은 무엇일까요?

생각과 걱정을 나누고 조언을 구할 수 있는 친구, 당신을 바로잡으려고 하며 부적절한 충고를 해대는 친구들의 명단을 다시 정리해도 좋습니다.

나 자신의 조언에 귀를 기울여라

추운 겨울날, 눈이 내린다. 하얗게 변한 산봉우리들이 은빛 구름 속에 가려진다. 고도가 낮은 우리 집에는 눈과 진눈깨비가 섞여 내린다. 창문 유리에서 계속 툭툭 부딪히는 소리가 난다. 날씨가 만드는 이 소리에 신경이 쓰인다. 이따가 차를 타고 나가야 하는데 도로 상황이 어떨지 알 수 없다. 30분을 운전해 아널드 존스 부부를 만나러 가야 한다. 우리는 30년 지기 친구다.

조금 지나니 툭툭 소리가 들리지 않는다. 눈과 진눈깨비가 그치

고 햇살이 산을 비춘다. 흙길에 트럭이 요란한 소리를 내며 지나간
다. 릴리가 개 출입구를 열고 바깥 탐험에 나선다. 전화가 울린다.
친구 테일러다.

"오늘은 뭐 하고 지내?"

"조금 전까지 날씨 때문에 불안했어. 진눈깨비가 내려 앞이 안
보였거든."

"지금은 괜찮아?"

"훨씬 좋아졌어. 금방 갤 것 같다. 아널드와 더스티를 만나러 나
가려고."

"거기 가는 길은 날씨가 좋아도 운전하기 나쁘잖아."

테일러가 말한다. 내가 전에 했던 말을 기억하는 것이다.

"날씨가 좋아지지 않으면 안 가는 게 좋겠다."

"그럴게."

나는 갈 작정이면서도 대답은 이렇게 한다. 아널드와 더스티를
만난 지 너무 오래되었기 때문이다. 그들은 산 아래쪽 눈이 내리지
않는 곳에 산다. 겨울 동안 통화할 때마다 우리 집은 눈에 파묻혀
있어도 그쪽에는 눈이 '아주 살짝' 내리다 말았다고 했다. 오늘은
길이 아무리 험해도 가볼 결심이다.

"안전이 최고야. 날씨가 어떻든 오늘 밤에는 네가 그냥 집에 있
으면 좋겠다."

테일러가 충고를 이어간다. 이 친구는 모든 일에 충고하는 유형이다. 대개는 그 충고가 달갑지 않다. 아무리 옳은 충고라고 해도 전달되는 방식이 마음에 들지 않는다.

"글 쓰느라 요즘 힘들어."

내가 화제를 바꾸려 시도한다.

"그냥 네 마음이 시키는 대로 해."

"그래, 그러려고."

내가 늘 가르치는 내용을 친구가 써먹으니 은근히 화가 나기도 한다.

"그래, 그런데 날씨가 다시 나빠지면 어쩌니? 먹을 건 있어? 나가지 못하게 될 수도 있어."

테일러가 또다시 충고를 시작할 모양이다.

"좀 있어."

"좀이라니? 무슨 말이야?"

"충분하다고."

나는 이렇게 대답하면 질문이 멈출 것이라고 생각하며 힘주어 말한다.

"충분하다고? 냉장고를 꽉 채워두어야지."

"채소랑 냉동 과일이 있어."

내가 설명한다. 생각과 달리 대화에 끌려 들어가고 있다.

"단백질이 필요한데. 연어는 없어?"

"릴리가 먹을 연어가 있지."

"너도 그걸 같이 먹어."

점점 친구의 충고가 불편하게 느껴지기 시작한다. 논쟁이 시작될 기미가 보이는 탓이다.

"난 채식주의자야. 알잖아?"

"알아. 그래도 연어 조금 먹는다고 문제 될 건 없어."

"알았어."

하지만 나는 논쟁하지 않기로 한다. 전화를 끊는다. 날이 좋아지고 있다. 테일러는 내가 자기 충고를 따르리라 생각하고 만족하겠지. 난 그 충고를 따르지 않으리라.

"릴리, 연어!"

릴리가 냉장고 쪽으로 달려온다. 나는 연어를 나눠 먹지 않는다. 테일러는 좋은 의도였겠지만 그 충고가 고맙기보다는 공격을 받은 듯한 느낌이다. 나는 친구의 말을 머릿속에서 지워버리고 내가 해야 할 일을 떠올리며 메모한다. 금방 상황이 정리된다. 뭘 해야 할지 분명하다.

산 아래로 운전해 내려가니 점점 눈이 줄어든다. 구불구불한 길을 따라 친구네로 향한다. 예상대로 길에는 눈이 전혀 없고 시야도 좋다. 힘들지 않게 곡선 주행을 해낸다. 친구 집에 도착하자 개 두 마리가 짖어댄다. 아널드가 문을 연다.

"어서 와. 반갑다!"

"정말 반갑네."

나는 내 마음이 시키는 대로 행동해서 만족스럽다.

나를 바꾸는 듣기 연습

펜을 들고 지금 당신의 삶이 어떤지 적어보세요.

친구들이 무슨 말을 하든, 당신에게 무엇이 필요한지는 당신이 알고 있습니다. 지금 당신에게 필요한 것은 무엇인가요?

친구들의 조언이 아닌 자신의 판단을 믿어보세요. 그 조언을 거부하는 게 걱정스러운가요? 자신에게 옳은 일은 남들에게도 옳은 일이라는 걸 기억하세요. 행동한 다음에는 돌이켜보세요. 자신의 결정을 따르고 나니 기분이 어떤가요? 안도감, 자신감, 낙관적인 느낌이 들었나요?

모닝 페이지, 아티스트 데이트, 걷기를 계속하고 있나요? 이번 주에는 몇 번 정도 시도했나요?

_____

의식적으로 다른 이들에게 귀를 기울인 결과 무엇을 발견했나요?

_____

_____

가족, 친구, 동료… 교류하는 이들과 더 깊게 연결되었다고 느끼나요?

_____

_____

더 이상 듣지 말아야 한다고 판단하게 된 사람이 있나요?

_____

_____

기억에 남은 듣기 경험을 하나 떠올려보세요. 어떤 깨달음의 순간이 있었나요?

_____

_____

_____

The Listening Path

WEEK 3

머리의 소리보다
마음의 소리를 먼저 듣는 법

숲과 파도의 소란 속에서도
나는 남들이 듣지 못하는 말을 찾아내려 했고
그 말들의 조화로움에 귀를 기울였다.

_귀스타브 플로베르

지금까지 주변 환경 그리고 다른 사람들에게 귀 기울여 듣는 일에 대해 살펴봤다. 이번 주에는 또 다른 차원의 듣기를 연습해보자. 내 안의 더 높은 자아에 귀를 기울여보는 연습이다.

살아가며 크고 작은 일들을 경험하는 과정에서 우리 자신을 위해 무엇이 옳고 무엇이 그른지 깨달았던 적이 다들 있을 것이다. 이번 주에는 그런 깨달음을 주는 더 큰 자아에 집중하는 연습을 해볼 것이다. 더불어 인생에서 중요한 의사결정 상황이나 당장 어떻게 행동할지 고민되는 상황에서 그 큰 자아의 도움을 받는 방법도 살펴보도록 하자.

나의 내면에 지혜를 구하라

세상의 모든 소리를 듣는 일의 다음 단계는 우리를 안내하는 우리 안의 더 높은 자아에 귀를 기울이는 것이다. 펜을 들고 '…에 대해 어떻게 해야 할까?'라는 질문을 던져보자. 그리고 어떤 대답이 나오는지 귀를 기울여보자. 나는 이것을 '오비완

집중해서 들어라. 가장 깊은 질문의 답은 속삭임으로 오는 경우가 많으니. _웨인 제러드 트로트먼

케노비 ObiWan Kenobi 기법'이라고 부른다. 그렇다. 영화 〈스타워즈〉의 그 오비완이다. 오비완처럼 더 성숙하고 현명한 자아의 지혜를 구하는 것이다. 그 지혜는 놀라울 뿐 아니라 아주 단순하고 직접적일 수도 있다.

우리는 남들의 조언을 따르는 데 익숙하다. 타인이 우리보다 더 객관적이라고 믿기 때문이다. 그래서 자기 자신에게 조언을 구하는 일이 거의 없다. 우리 자신이 현명할 수 있음을 깨닫지 못했기에 내면의 목소리를 신뢰하기가 어려운 것이다. 자기 안의 높은 지혜를 찾고 그 소리를 들으려면 연습이 필요하다.

기도는 우리가 가려는 길을 확신하도록 돕는다. "저를 보호하고 인도하소서."라고 말하며 인도하는 목소리에 귀를 기울이게 된다. 또 "당신의 뜻을 알게 하시고 실현할 힘을 주소서."라고 기도하며 우리가 가려는 길이 신의 뜻과 일치되는 것이라고 믿는다. 신학자

어니스트 홈스Ernest Holmes가 말했듯 우리는 신의 일부이고 신은 우리의 일부다. 그러니 우리 자신에게 조언을 구하는 건 신의 조언을 구하는 일이기도 하다. 내면의 힘이 성스러운 불꽃을 일으키는 것이다.

이끌어 달라고 기도하면 이끌림을 받는다. 모든 기도는 응답을 받는다. 다만 응답 소리가 작아서 주의를 집중해야 할 수 있다. 고요하고 작은 목소리는 우리 모두에게 온다. 때로는 더 크고 분명한 소리일 수도 있다. 듣기를 연습하면 점점 더 잘 듣게 된다. 어떻게 해야 할지 알려달라고 하면 알려주는 것이다. 예를 들어 내가 이렇게 질문했다고 하자.

나: …에 대해 어떻게 해야 하나요?

질문을 던진 후 내 안의 소리에 조용히 귀를 기울인다. 그리고 들려오는 내용을 받아쓰면 된다. 이 방식을 사용하면 무척 평화로워진다. 내가 처음에 시도했을 때는 아주 강력하고 오래가는 통찰을 얻었다. 그 대화는 다음과 같았다.

나: 전남편을 여전히 사랑한다는 생각에서 벗어나려면 어떻게 해야 하죠?

마음: 그냥 사랑하면 되지.

나: 너무 간단해 보이는데요. 정말 그게 다인가요?

마음: 사랑은 간단한 거야.

나: 여전히 그 사람을 오랫동안 사랑하는 게 바보 같다는 생각
   이 들어요.

마음: 사랑은 영원할 뿐 바보 같은 게 아니야. 그냥 받아들여.

'그냥 사랑하면 되지'와 '그냥 받아들여'라는 말을 들으면서 나
는 그 지혜에 깊이 공감했다. 내 감정과 싸우는 대신 받아들이면
되는 것이다. 사랑하고 앞으로도 사랑하면 그만이다. 오래갈 줄 알
았던 내적 갈등은 예상보다 훨씬 빨리 끝났다. 나는 내 감정을 이
해하려 애쓰면서 고통과 혼란을 겪었다. 하지만 더 높은 자아에게
질문을 던진 결과 나의 일부는 이미 답을 알고 있었다는 것을 깨
달았다.

집을 사게 되었을 때도 나는 믿음의 거울(친구)들뿐 아니라 더
높은 자아의 소리를 듣고자 질문했다. '어떻게 해야 하지?' 그러자
'그 집이 네 집이야'라는 답이 돌아왔다. 나는 다시 질문했다. '집값
을 어떻게 치러야 하는데?' 다시금 '그 집이 네 집이야'라는 답이
나왔다. 나는 내 세무사이자 믿음의 거울인 스콧 베르쿠에게 확인
겸 물었다. 그러자 그는 놀랍게도 똑같이 말했다. "집값을 치를 수

있어. 그 집이 네 집이야." 그렇게 내면과 외면의 안내로 나는 집을 샀다. '오비완'이 인도해준 것이다.

오비완보다 선한 마녀 글린다를 떠올리는 게 더 편하다는 이들도 있다.

> 정말 좋아하는 것의 신비한 이끌림에 말없이 따르라. 그래도 엉뚱한 곳으로 가는 일은 없다. _루미

물론 성별은 문제가 아니다. 핵심은 지혜다. 우리는 지혜롭다. 이를 믿기 어려울 때도 많지만 모닝 페이지, 아티스트 데이트, 걷기를 이어가다 보면 자신의 지혜를 더욱 잘 받아들이게 된다. 믿음의 거울과 우리 자신의 소리를 들으며 내면의 현인에게 귀 기울이면 대답이 나온다는 걸 믿게 된다.

모닝 페이지가 하루의 과정을 펼쳐 보인다면 저녁에는 상황 확인을 통해 하루 동안 어떻게 지냈는지 알아볼 수 있다. 다음과 같은 질문으로 간단하게 시작해보자.

나: 나는 오늘 하루를 잘 보냈나?

많은 경우 고요한 격려의 말이 돌아올 것이다. '잘하고 있어. 괜히 걱정하지 마. 제대로 가는 중이니까.' 이렇게 묻고 듣는 것은 문제뿐 아니라 칭찬에도 주의를 기울이도록 한다. 우리는 긍정적이고 정확한 자아관을 만들려 애쓰고 있다. 자신의 목소리를 신뢰하게 되면 불안뿐이었던 내면에 고요가 찾아온다. 내면의 목소리가

나를 더 좋은 상황으로 이끈다는 믿음은 헛되지 않다. 그 목소리를 따르기로 했기 때문에 인도받는 것이다. 들리는 것을 잘 듣고 따르면 자기 신뢰가 습관이 된다.

내적 인도를 따르지 않을 때마다 우리는 에너지와 힘을 잃고 슬픔에 빠지게 된다. _삭티 거웨인

많은 경우 우리는 부드럽게 행동하라는 목소리를 듣는다. 또는 아무 행동도 하지 말라는 소리가 들릴 때도 있다. 나는 그 자리에서 바로 확인하기 위해 검토 질문을 만들어 두었는데, 단순한 질문이지만 그 답은 깊이 있는 것일 수 있다. 살면서 어려운 상황에 마주쳤을 때 자신에게 다음과 같이 질문해보자.

1. 무엇을 알아야 하는가?
2. 무엇을 받아들여야 하는가?
3. 무엇을 시도해야 하는가?
4. 무엇을 슬퍼해야 하는가?
5. 무엇을 기뻐해야 하는가?

이 질문들에 답함으로써 우리는 자신이 누구인지, 어떤 존재인지 알 수 있다. 질문들은 객관적이다. 괜한 말이 섞이지 않았으며 말투는 사실적이고 건조하기까지 하다. 이 책을 쓰면서도 나는 스스로에게 이 질문들을 던졌다. 그리고 힘이 되는 답을 얻었다.

1. 무엇을 알아야 하는가?

   답: 넌 잘하고 있다.

2. 무엇을 받아들여야 하는가?

   답: 사람들에게 나눠 줄 지혜가 있다.

3. 무엇을 시도해야 하는가?

   답: 처음 떠오르는 생각을 쓰도록 하라.

4. 무엇을 슬퍼해야 하는가?

   답: 자신을 의심하면서 낭비하는 시간.

5. 무엇을 기뻐해야 하는가?

   답: 이미 여섯 장의 글을 다 썼다는 것.

나는 자신을 신뢰하라는 분명한 목소리를 들었다. 내게 지혜가 있으니 두려워하지 말라는 말도 들었다. 다음 조언은 자신을 의심하면서 시간을 낭비하지 말고 지금까지 해낸 일을 기뻐하라는 것이었다. 다시 말해 내 글쓰기를 반쯤 빈 잔이 아니라 반쯤 차 있는 잔으로 생각하라는, 나 자신을 신뢰하라는 말이었다.

내 안의 비평가와 이별하기

"그렇지만 대답은 그저 혼자만의 상상이 아닐까요?"

이런 질문을 받을 때도 있다. 그러면 나는 대답한다.

"믿음을 가져야죠. 정말 상상일 뿐이라고 해도 평소보다는 훨씬 긍정적인 분위기랍니다. 일단 조언을 받아들이고 그걸 통해 앞으로 나아갈 수 있는지 알아보는 게 어떨까요?"

두려움 대신 믿음을 택하는 것, 사실 이는 많은 사람에게 도전이다. 우리는 내면의 비평가가 던지는 부정적인 말을 듣는 데 더 익숙하다. 나는 그 내면의 비평가에게 '나이절'이라

마음과 직관을 용감히 따르라. 당신이 진정 원하는 것 외에 다른 모든 건 그다음이다. _스티브 잡스

는 이름을 붙였다. 그리고 무려 50년 넘는 세월을 나이절과 함께 보냈다.

나이절은 불가능할 정도로 높은 기준을 요구하는, 마치 깐깐한 인테리어 디자이너 같은 존재다. 내가 쓰는 글은 무엇 하나 그에게 만족스럽지 않았고 나는 늘 가차 없는 비판을 받아야 했다. 시간이 흐르면서 나는 나이절을 무시하는 법을 익혔다. 이제는 내 작업이 독창적이고 특별할 때도 목청 높여 비판하는 그 목소리를 아무렇지도 않게 넘길 수 있다. 우리 모두에게는 각자의 나이절이 있다. 두려움에 얼어붙고 멈춰 서게 하는 존재 말이다.

당신 안의 비평가에게 이름을 붙이고 캐릭터를 설정해보자. 그리고 그 비평가의 목소리를 약하게 만들어보자. 당신이 최선을 다할 때 당신의 나이절은 실패한다. 예를 들어 당신이 멋진 문장을 만들어 냈다고 하자. 나이절은 "와! 모두가 감탄할 거야!"라고 말

하지 않고 "우스꽝스러워. 대체 누가 이걸 좋아하겠어?"라고 투덜거릴 것이다. 이때 나이절의 말을 듣는다면 당신은 그 문장을 지워버리게 된다. 반면 나이절을 무시하면 글 곳곳에 멋진 문장을 꽃피울 수 있다. 자신을 믿어야 한다. 당신이 만들어 낸 멋진 문장은 충분히 밀고 나갈 가치가 있다. 펜을 들고 고요하면서도 긍정적인 소리를 들어보자.

진정한 듣기는 믿음을 요구한다. 믿음은 우리를 앞으로 나아가게 하며 자기 확신을 부여한다. 당신에게 들리는 긍정적인 말이 '그저 혼자만의 상상'일 뿐이라면 거기에 더 큰 힘을 부여해보자.

주변의 세상을 둘러보자. 예를 들어 나무들을 본다면 거대한 떡갈나무, 나긋나긋한 버드나무, 신비로운 가문비나무 등이 있을 것이다. 그 수많은 나무를 창조한 신은 참으로 대단한 상상력을 지녔던 게 분명하다. 또 단풍나무, 벚나무, 잣나무 등 나무마다 모양과 크기가 제각각이다. 작은 도토리는 거대한 참나무로 자란다. 이쯤되면 신의 상상력은 짓궂은 장난처럼 보일 지경이다. 높이 솟은 삼나무를 올려다보며 경탄을 금할 수가 없고 신의 발명에 감사의 기도를 하지 않을 수가 없다.

그 경이로운 광경의 아주 작은 조각 하나만 받아들이면 당신의 상상력은 날개를 달게 된다. 상상력은 성스러움으로 들어가는 문이다. 제대로 주의를 기울인다면 누구나 신의 창조성을 엿볼 수 있다.

우리 집 정원에는 선인장과 백합이 있다. 북서쪽 구석으로는 자작나무 세 그루가 자란다. 남쪽에는 라벤더 덤불 위로 일본단풍나무가 가지를 늘어뜨리고 있다. 동쪽 경계선을 따라서는 장미가 풍성하게 피어 있고 그 아래가 백합의 자리다. 정원의 대나무 의자에 앉으면 그 다양하고 아름다운 모습에 절로 감탄하게 된다. 경이로운 주변 경관에 자연스레 "고맙다."라는 인사가 나온다. 그러면 새가 대답하듯 노래한다. 릴리는 풀쩍풀쩍 뛰면서 정원을 탐색하다가 문득 생각난 듯 옆집과의 경계인 높은 담 앞으로 가서 컹컹 소리를 낸다. 그러면 반대쪽에서 옆집 개 오티스가 짖으며 대답한다. 나는 잠시 둘이 주고받는 대화를 듣는다.

"릴리, 들어갈 시간이야. 연어 먹을까?"

나는 뇌물을 쓰기로 한다. 릴리가 냉큼 달려온다. "연어 먹자."라고 말하며 나는 문을 열고 릴리를 부엌 쪽으로 이끈다. 냉장고를 열어 연어를 꺼내고 포장을 벗기는 동안 릴리는 내 다리에 매달린다.

"릴리, 앉아."

릴리가 얌전히 앉아 기다린다. 신나게 연어를 먹어치운 다음에는 고맙다는 뜻으로 내 손가락을 핥는다. 내가 물을 주자 게걸스레 마신다.

"잘했어, 릴리."

나는 마당으로 나가는 문을 닫는다. 릴리가 세탁실로 가서 깔개 위에 자리를 잡고 엎드린다. 나는 창밖에 산이 보이는 거실로 간다. 오늘은 구름이 산을 감쌌다. 금방 비가 내릴 것 같은 날씨도 고맙다.

"오, 고맙습니다!"

나는 위대한 창조주에게 소리 내어 인사한다. '그래, 나도 고맙구나'라는 대답을 들은 건 내 상상일까? 상상이라 해도 고맙다. 난 그 말을 믿으니까. 최근 나는 나이 많은 친구와 불편한 대화를 나누었다. 39년 동안 알고 지낸 사이인데 그녀는 이렇게 말했다.

"신이 우리 말을 듣는다는 믿음은 오만이야. 수백만 년 전에는 공룡들 세상이었잖아. 두 다리로 걷는 조그마한 생명체에 신이 귀를 기울여야 할 이유가 뭐람?"

친구의 회의론이 놀라웠다. 오랫동안 신앙의 모범을 보여주었던 그녀가 그런 인상을 깡그리 뒤엎는 말을 하다니. 난 어이없고 불쾌했다. 친구의 불신과 달리 나는 무엇을 믿는지 스스로 점검해야 했다. 그

> 알아야 하는 전부를 말해주는 내면의 목소리를 믿어라. _루이스 헤이

리고 두 가지 짧막한 질문과 대답을 얻었다. '치유를 위해 내게 필요한 말은?' '신은 존재한다는 것.' '내 기도에 대한 응답은?' '내가 거기 있음을 아는 신에게 귀를 기울이는 것.'

다시 말해 그저 질문을 던져봄으로써 나는 내가 인간사에 긴밀

히 관여하는 신을 믿고 있음을 확인할 수 있었다. 그 신은 물으면 대답을 해준다. 그래서 나는 질문을 던지고 대답을 구한다. 내가 듣는 말은 현명하고 다정하다. 평소의 내 생각보다 훨씬 더 현명하고 다정하다. 그러니 저 높은 곳, 내 말에 귀 기울여주는 신으로부터 온 것이라 믿는다.

나를 현명한 길로 이끄는 소리

더 높은 지혜를 구하려면 들리는 소리를 믿어야 한다. 인도를 청하고 받으려면 들리는 대로 믿어야 한다.

'…에 대해 어떻게 해야 하죠?'라고 물었다고 하자. 대답은 우리 머리가 주는 것보다 훨씬 단순할 수 있다. 문제에 대한 답을 구할 때 우리는 습관적으로 마음보다는 머리에 기댄다. 하지만 최고의 지혜는 마음에 있다. 그러니 '우리 마음은 이 문제에 대해 뭐라고 말하지?'라고 물어야 한다.

많은 사람이 마음보다 머리에 귀를 기울이는 습관이 있다. 물론 머리는 유용하지만 잘못된 방향으로 이끄는 일도 많다. 주절주절 말이 많고 표면에 매달린다. 반대로 마음은 깊이 파고든다. 머리에 없는 지혜가 거기 있다.

결정을 내려야 할 때는 마음과 머리 양쪽 모두를 살피는 것이 좋다. 머리는 신속하게 판단하라고 재촉하고, 마음은 멈춰 서서 미묘한 변수를 고려하라고 한다. 마음은 직관과 짝을 이룬다. 마음의 조언은 이성적이지 않을지 몰라도 '옳다'는 느낌을 안겨준다. 그 느낌에 귀를 기울이면 확실한 걸음을 내디딜 수 있다. 잘 들은 것이다.

머리를 따르는 삶은 영리할 수는 있어도 깊이가 얕다. 머리는 단기적 승리를 추구하지만 마음은 장기적인 시각으로 바라본다. 마음은 영리하기보다는 지혜롭다. 진심으로 살고자 할 때 머리는 걸음마다 방해를 한다. 그럴 땐 머리에게 물러서 있으라고, 마음의 목소리를 따르겠다고 한 뒤 질문부터 바꿔야 한다.

내면의 목소리를 따라가라. 마음이 청사진이 되고 우주가 뒤를 받쳐줄 것이니. _헤이즐 버터워스

다시 말해 '이게 제일 영리한 방법인가?'가 아니라 '이게 제일 현명한 방법인가?'를 물어야 한다. 두 질문의 답은 전혀 다르다. 마음은 새로운 방향을 시도하게 하지만 머리는 검증된 길을 반복하라고 한다.

가장 영리한 길이 아닌 가장 현명한 길을 물으면서 우리는 직관의 힘을 알게 된다. 예감과 느낌이 친구가 되고 이들에게 의존하게 된다. 새로이 마음에 기대면서 더 편안한 삶이 시작된다. 우리는 재빨리 판단을 내리고자 더 이상 애쓰지 않고 계속 영리한 길에만 매달리는 자아를 제쳐둔다. 그리고 그 자아의 자리에 마음이 들어온다. 스스로 옳다고 느껴지는 바를 행하고 나서야 결국 그게 옳다

는 게 드러난다.

하지만 방심해서는 안 된다. 머리는 순순히 자신의 자리를 포기하지 않는다. 마음의 새로운 힘에 대항해 머리는 온갖 공격을 해낸다. 주요 공격 수단은 의심이다. 마음은 자신을 믿으라고 한다. 머리는 믿어선 안 된다고 말한다. 머리가 동원하는 또 다른 공격 수단은 마음을 폄하하는 말들이다. '순진하다' 또는 '바보 같다' 같은 표현이 자주 등장한다. 비판하는 역할을 자주 해온 머리는 자신이 가장 명석하게 판단한다고 자부한다. 그리고 마음은 어리석고 엉뚱하다고 비난한다.

두 눈을 감고 내면으로 곧장 들어가면 언제나 올바른 가르침을 얻을 수 있다. _스와미 디얀 기텐

머리에 귀 기울이는 게 습관이었던 우리는 이제 구분하는 법을 익혀야 한다. 머리와 마음 중 무엇이 내는 목소리인지 일단 판별해야 한다. 머리는 폭군이다. 이기기 위해 마구 밀어붙인다. 반면 마음의 소리는 부드럽고 고요하지만 끈질기다. 연습하면 구별할 수 있다. '이것은 믿음의 소리인가, 두려움의 소리인가?'라는 질문을 던져보자. 마음은 낙관적이다. 그리고 머리는 비관적이다. 우리는 어두운 상상을 즐기는 머리에 귀 기울이도록 훈련되어 있다. 마음의 소리는 이보다 가볍지만 그렇다고 머리가 비난하는 대로 순진하거나 바보 같거나 어리석지 않다. 마음은 영혼의 고귀한 지혜 그리고 우리가 잘 살기를 바라는 더 높은 힘과 연결되어 있다.

머리는 냉혹하고 가차 없지만 마음은 다정하다. 머리는 모서리처럼 날카롭지만 마음은 부드럽다. 머리는 강요하지만 마음은 설득한다.

결정을 해야 할 때 우리는 마음에 귀 기울이는 연습을 해야 한다. 머리에 의존하는 것은 낡은 습관이다. '지금 듣고 있는 것은 습관인가, 아니면 더 깊고 진실한 무언가인가?'라는 질문을 던져야 한다. 습관을 넘어 집중하며 귀를 기울일 때 마음은 우리에게 부드럽게, 하지만 끈질기게 말을 걸어온다. 마음을 경청하면 삶은 더 지혜롭고 건강한 색채를 띤다. 시간이 가면서 곧 마음에 귀 기울이는 것을 더 좋아하게 될 것이다.

나를 바꾸는 듣기 연습

조언이 필요한 문젯거리를 하나 골라보세요. 질문을 던지고 대답을 기다리세요. 들리는 말을 그저 상상일 뿐이라고 폄하하지 마세요. 상상 역시 멋진 것이니까요. 어떤 소리가 들리나요?

마음의 소리를 받아 적는 연습

릴리와 나는 눈에 파묻혔다. 눈은 모든 소리를 소거한다. 고요한 세상은 평화롭다. 우리의 감각은 고요함에 맞춰져 있다. 일기예보에 따르면 눈은 종일 그리고 밤까지 내린다고 한다. 앉아서 글을 쓰며 나는 고요함이 내면의 목소리를 더 크게 만들어준다고 느낀다. 눈에 파묻히는 것은 마법 같은 측면이 있다. 바깥세상을 뒤덮어버림으로써 우리 자신과 더 깊숙이 연결되도록 해준다.

전화가 울린다. 두 번째 울릴 때 받는다. 샌디에이고에 사는 친구 스코티 피어스다.

"눈이 많이 왔죠?"

산타페이의 일기예보를 본 것이다.

"파묻혀 있어요."

"여기는 24도예요. 하늘이 푸르고 화창하고요. 부두에 들락거리는 배들이 보이네요."

"낭만적으로 들려요. 여긴 아주 평화롭답니다."

온화한 기후에서 오래 산 그녀는 눈에 대한 선망을 드러낸다.

"맞아요. 눈은 평화로워요. 온 세상을 조용하게 만드니까요."

"전 그게 좋아요. 고요함을 느끼게 하거든요."

"저도 기억나요. 전 눈을 좋아했어요. 추운 건 좀 싫었지만요."

듣고 있으니 샌디에이고도 스코티에게는 너무 추운 모양이다.

"어떤 날은 바깥이 너무 선선하고 습해요. 습한 느낌이 어떤지 알죠?"

"그럼요. 시카고에서 살아봤잖아요."

스코티가 웃는다.

"뉴멕시코나 애리조나의 건조한 시원함하고는 전혀 다르죠."

"다르고말고요."

나는 시카고의 축축하고 매서운 추위를 떠올린다. 40대에 시카고에서 8년 동안 살았는데 해마다 겨울이 힘들었다. 다시 자리에 앉아 글을 쓰려고 하는데 또 전화가 울린다. 달려가 받는다. 존경하는 작가 제이컵 노드비다. 만난 지 얼마 안 된 친구다.

"제이컵, 전화해줘서 반가워요. 난 뉴멕시코에서 눈에 파묻혀 있어요."

제이컵이 다정한 웃음을 터뜨린다.

"멋지네요. 눈에 파묻히다니! 대단한데요."

제이컵은 잘 듣는다는 게 무엇인지 생생하게 보여주는 사람이다. 그는 주변 환경과 친구들에게 주의를 기울여 그들의 소리를 듣는다. 또한 더 높은 자아에 귀 기울이는 게 습관화되어 있다. 작가인 동시에 영감을 주는 선생님인 그는 학생들에게도 똑같이 대한다. 나는 그의 책을 읽은 소감을 말한다.

"이번 에세이, 정말 즐겁게 읽었답니다. 두 번 읽었는데 두 번 다 참 좋았어요. 아주 다정하고 힘을 주는 글이더군요."

"고마워요. 감동적인 칭찬이네요!"

"거기 소개된 연습을 실제로 해봤는데 멋지더군요. 저도 강의할 때 활용했으면 하는 생각이 들었어요."

"얼마든지요."

제이컵이 다시 웃는다. 이어 화제를 돌린다.

"글은 잘 쓰고 있어요?"

글쓰기는 내가 무엇을 믿는지 발견하는 일이다. _귀스타브 플로베르

군이 거짓말할 필요가 없으므로 나는 솔직하게 대답한다.

"하루에 한두 페이지 정도예요. 느릿느릿 나아가고 있어요."

"저도 마찬가지예요. 작년에는 6만 단어를 썼는데 하나도 못 건졌죠. 결국 첫 마감 기한을 못 지키고 다시 처음부터 시작했어요. 이번에는 '예열이 다 되었으니 이제 쓰고 싶은 것에 집중만 하면 돼'라고 생각한답니다."

지금까지 제이컵의 작품을 세 편 읽었는데 문체가 흡인력이 있었다. 그래서 나는 이렇게 말한다.

"글이 정말 좋아요. 얼마든지 즐기면서 써도 돼요."

"정말 딱 맞는 순간에 칭찬해주시네요. 사실 지금 칭찬이 필요했거든요."

제이컵은 4만 단어 분량의 새 원고를 썼고 이제 결말을 내기 위해 마음에 귀 기울이는 중이라고 설명한다. 나는 '칭찬은 모두에게 필요하지'라고 생각하면서 제이컵에게 이렇게 말했다.

"저도 작년에 쓴 원고를 그냥 버린 적이 있어요. 제 머리는 괜찮다고 했지만 마음은 아니더라고요."

"맞아요."

제이컵이 맞장구친다. 그 역시 마음으로부터 우러나는 글을 쓰려고 애쓰는 것이다. 그는 좋은 글쓰기는 '솔직한 글쓰기'라고 믿는다. 독창적으로 쓰려고 노력하면서 그 자신이 작품의 근원이라고, 자신에게 진실하다면 누구보다 독창적일 수 있다고 여긴다. 결국 쓰기는 듣고 받아 적는 과정이다.

머리보다 마음의 소리에 귀 기울이면서 명료함과 지혜를 구한다면 마음으로부터 쓸 수 있다. 이걸 기억하면서 나는 힘을 얻는다. 제이컵과 내가 물리적 거리를 넘어 서로 연결되어 단어 하나씩을 채워간다는 점에서도 힘을 얻는다. 마음으로 쓰자고 서로를 격려하며 우리는 전화를 끊는다. 우리는 서로에게 믿음의 거울이다.

창밖에는 계속 눈이 내리지만 이제 빛을 받아 반짝인다. 태양이 힘을 키워 남은 구름을 밀어내고 푸른 하늘을 열고 있다. 모든 소리를 차단하던 눈이 그치자 소리가, 명료한 소리가 되돌아온다. 까마귀가 울음소리를 낸다. 트럭 한 대가 느릿느릿 지나간다.

'일상 전반을 되새겨보기'라는 방법을 사용해 고민의 해답을 찾아봅시다. 먼저 당신을 괴롭히는 문제들을 떠올려보고 각각 한 문장으로 써보세요.

_____

_____

_____

그중 제일 괴롭게 느껴지는 영역을 선택해보세요. 마음에서 흘러나오는 소리를 들을 수 있나요? 어떤 말이 들리나요?

_____

_____

_____

결국 영감은 마음에서 비롯된다

"그 기도 책은 무작위로 펼쳐보면 좋겠어요."

스코티 피어스가 조언한다. 내 책《위대한 창조자에게 바치는 기도》Prayers to the Great Creator에 대해 말하는 중이다.

"그렇게 하면 불안이 가시거든요. 적어도 제게는 그래요."

그녀가 불안에 휩싸인 모습은 상상하기 어렵다. 35년 동안 듣기 훈련을 해온 스코티는 매일 아침 5시 반부터 두 시간 동안 명상을 한다. 그 고요한 시간에 그녀는 자신을 이끄는 작은 소리에 귀를 기울인다고 한다.

"타이머를 21분으로 맞춰두고 조용히 앉아 있는 거예요. 그다음에는 페르시아 시인 루미 Rumi의 글을 읽고 기도하고 노래해요. 오늘 하루가 평화와 기쁨으로 가득하게 해달라고 기도하죠."

하루 중 어떤 시간에 만나든 스코티에게서는 기쁜 영혼이 느껴진다. 불안과는 거리가 멀다. 그녀는 매일 자신의 더 높은 힘에 귀를 기울이며 고요함을 얻는다고 한다.

"나에게 필요한 내용을 보여달라고 부탁하면서 기도 책을 무작위로 펼치죠. 기도문 하나만 읽기도 하고 몇 개를 읽을 때도 있어요. 전부 합치면 한 시간 반 정도, 때로는 몇 시간을 고요하게 보내는 거예요. 우리 집은 동향이라 일출이 보여요. 어

들어주길 기다리는 생각이나 정보는 늘 있다. 어떻게 받아들일 것인지 방법만 찾으면 된다. _짐 헨슨

둠 속에서 명상을 시작했다가 하루의 첫 햇살을 보죠. 정말 신비로운 순간이에요."

이렇게 듣기에 의지하면서 그녀는 용감해졌다고 한다. 더 높은 차원과 연결되어 삶이 편해졌다는 것이다.

"전 두려운 일이 없어요."

두려움이 없는 스코티는 온 세상을 여행했다. 최근 몇 년 동안만 해도 지중해를 건너고 아일랜드를 자동차로 일주하고 멕시코로 친구를 만나러 다녀왔다. 그런 여행의 경험은 늘 만족스럽다. 이메일로 연락하며 여행 이야기를 듣는 나까지도 경탄을 금치 못한다.

"여행할 때도 명상은 이어져요."

스코티가 말한다. 그녀를 따라 나도 명상의 시간을 시도해본 적이 있다. 하지만 나는 명상보다는 글쓰기를 할 때 내면의 소리를 훨씬 더 잘 들을 수 있었다.

"방법이 무엇인지는 상관없어요."

그녀는 내 독특한 명상 방식을 깎아내리지 않는다. 그러기는커녕 내면의 소리를 듣기 위해 애쓰라고, 들리는 소리를 온전히 믿고 행동하라고 격려해준다. 내 안의 더 높은 힘은 내 인간적인 일상에 관심이 크다. 그 힘은 내게 귀를 기울이고 나는 그 힘에 귀를 기울인다.

그 힘의 말을 옮겨 기도 책을 쓸 때 나는 하루에 하나씩 꾸준히 작업했다. 하루가 끝나는 고요한 밤에 기도문을 썼다. 지금 다시 읽어보면 절로 감탄하게 된다. 몇 년 전 그 기도문들은 내게 휴식을 주었다. 나는 귀를 기울이고 받아썼다. 들리는 대로 믿었다. 지금 다시 읽으면서도 격려와 도움을 얻는다.

"아직도 그 기도책이 제가 쓴 거라고 믿어지지 않아요. 너무도 감동적이어서요."

"당연히 그렇죠. 줄리아가 감동의 영감을 받고 쓴 거니까요."

스코티가 말한다.

'영감을 받다'라는 표현은 예술가들이 자주 말하고 또 경험하는 현상이다. 그렇지만 누구든 영감을 느낄 수 있다는 게 중요하다. 프로젝트가 실행될 때, 갑자기 아이디어가 떠오를

> 신앙이란 영혼의 확신을 받아들이는 것이다. 이를 거부하면 불신이 된다. _랠프 월도 에머슨

때, 미처 받아쓰기 어려울 정도로 생각이 빠르게 뻗어나갈 때 등 이보다 훨씬 덜 극적으로 찾아오는 영감도 있다. 책은 한 번에 한 쪽씩 진도가 나간다. 작가의 삶은 단어들을 더하는 일상으로 이루어진다. 하루를, 한 번의 찰나를, 한 문장을 따라 살아가면서 우리는 영감을 얻는다.

나를 바꾸는 듣기 연습

책 읽기도 일종의 듣기라고 할 수 있습니다. 작가의 말을 '듣는' 것이니까요. 우리 주변에는 지혜를 주는 책들이 있습니다. 작가가 지혜의 영감을 받아 쓴 책이죠. 그런 책을 한 권 골라보세요. 어떤 책을 골랐나요?

하루에 세 번 정도 독서 시간을 정하고 영혼을 위로하세요. 지혜로운 작가가 당신에게 '말하도록' 하세요. 시인 루미나 카비르Kabir 같은 사상가가 쓴 책도 좋고 마음에 드는 책이면 무엇이든 좋습니다. 그 책의 작가는 당신에게 무엇을 말하고 있나요?

불안한 마음이 보내는 신호를 듣는 법

오늘은 짐을 싸야 한다. 내일 뉴욕에서 회의가 있고 친구도 만날 예정이다. 이어 바로 런던으로 가서 이틀 동안 '아티스트 웨이' 집중 과정 프로그램을 진행해야 한다. 이 프로그램은 벌써 여러 번 진행했음에도 매번 긴장된다. 항상 구성원이 다르기 때문이다. 구성원에 따라 분위기가 크게 달라진다.

나는 아주 이상적인 상황, 즉 수강생들이 열정적이고 유머 감각도 있으며 성실하기를 바란다. 예전에 런던에서 만난 수강생들이 바로 그랬다. 하지만 이번에는 어떨지 만나기 전에는 알 수 없다. 내 경험으로는 사과 100개 중 상태가 좋지 않은 사과가 하나만 있어도 강의가 몹시 힘들어질 수 있다. 활기찬 수강생들, 내적 저항을 충분히 이겨낼 수 있는 이들이면 좋겠다. 이런 수강생들을 가르칠 때는 신이 난다. 나흘 걸리는 과정도 이틀 만에 거뜬히 끝난다. 내가 제시한 방법이 마법 같은 효과를 보이면서 사람들의 얼굴이 밝아지는 것을 관찰할 수 있다.

하지만 지금은 신날 때가 아니라 걱정할 때다. 짐 꾸리기는 늘 불안감을 안긴다. 2주 반 동안 필요한 물건을 다 챙겼을까? 뭔가 중요한 걸 잊어버린 건 아닐까? 대도시인 뉴욕과

> 힘든 상황에서 더 버티기가 불가능할 때 내면의 침묵에 자신을 맡기고 신호를 기다려라. _폴 브런튼

런던으로 가는 만큼 혹시 빠뜨린 게 있어도 얼마든지 살 수 있으리라는 걸 머리로는 안다. 이미 여러 차례 그랬던 경험이 있고 그저 실용적일 뿐 아니라 기념이 될 만한 특별한 걸 사기도 했다. 뜻밖의 비가 쏟아진 런던에서 산 검은색 우비는 보는 사람마다 부러워하는 아이템이다. 내가 "런던에서 산 거예요."라고 설명하면 모두 고개를 끄덕이며 감탄한다.

저 높은 차원의 힘에 귀를 기울이며 나는 다가온 여행과 출장에 대한 격려를 받는다. 새로운 장소에서 만날 이들이 나를 도와주리라는 걸, 높은 차원의 힘도 함께하리라는 걸 기억한다. 나는 여권과 현금부터 시작해 챙겨야 할 물건들의 목록을 만들고 하나씩 챙겨 넣는다. 다 챙긴 후에는 만족스럽게 짐 가방을 닫는다.

샌타페이에서 뉴욕까지는 긴 여행이다. 심지어 뉴욕에서 런던으로 가는 것보다 길다. 산속에 산다는 건 멋진 풍광과 새들, 목가적인 주택, 맑고 조용한 한낮, 만개한 꽃들, 극적인 폭풍우와 함께한다는 것을 의미한다. 동시에 한정된 비행 편으로 출장 일정이 복잡해진다는 의미이기도 하다. 어디서 어떻게 비행기를 갈아타고 이동해야 하는지 잘 알아야 한다.

여행을 자주 하는 친구들이 있다. 스코티는 세계를 누빌 뿐 아니라 미국 내 여러 곳에 집이 있어 계속 오가면서 지낸다. 반면 한곳에 머물러 살기를 좋아하는 친구들도 있다. 나는 여행에 늘 불안감을 느끼지만 그럼에도 불구하고 늘 여행을 택하

집중할 수만 있다면 우리를 가장 잘 이끌어주는 것은 그 누구도 아닌 우리의 내면이다. _제인 오스틴

는 편이다. 지금도 뉴욕, 시카고, 런던, 파리, 로마, 에든버러, 산토리니로 여행할 계획을 짜고 있다. 이건 여행을 싫어하는 사람의 행동은 분명 아니다. 그리고 마음속 깊은 곳에서도 '모든 것이 잘될 거야. 나눠 줄 것이 많잖아. 수강생들이 즐겁게 받아들일 거라고' 라는 목소리가 들려온다. 침착하게, 살짝 들뜬 마음으로 알람을 맞추고 잠이 든다.

다음 날 공항으로 이동해 게이트 앞에서 대기하며 친구 제러드 해킷에게 전화를 건다. 뉴욕에서 만나 점심 먹기로 한 약속을 확인하기 위해서다. 제러드와 대화하고 있자니 낙관적인 기분이 된다.

그가 워낙 낙관적인 사람이라 그 분위기에 전염되는 것이다. 제러드는 내 소식을 묻고 열심히 대답을 들어준다.

"런던 강의는 틀림없이 잘 진행될 거야."

"나도 그렇게 생각해."

"전에도 늘 그랬잖아."

"맞아."

"남는 시간은 어떻게 즐길 작정이지?"

제러드가 여유 가득한 말투로 묻는다.

나는 런던의 동네를 산책하며 풍경을 즐길 거라고 말한다.

"자, 그럼 내일 만나자."

제러드가 통화를 마무리한다.

비행기에 올라탄 나는 감사의 마음을 느낀다.

'이렇게 세상을 보러 다니고 먼 곳에 사는 친구를 자주 만날 수 있으니 참 운이 좋군.'

뉴욕에 도착하면 늘 묵는 호텔에 갈 것이다. 그리고 잠들기 전에 다음 날 아침을 룸서비스로 주문해둘 것이다. 아침에 일어나서는 모닝 페이지를 하고 시내로 가서 제러드와 점심을 먹으면 된다. 분명 유쾌한 시간이 될 것이다. 내 마음이 불안에서 감사로, 심지어 기대감으로 옮겨가는 걸 느낀다. 더 높은 자아의 격려 덕분일까? 나는 그렇다고 믿는다.

당신을 자주 불안에 빠뜨리는 일을 적어보세요. 맞닥뜨릴 때마다 마음의
평화를 어지럽히는 바로 그 일 말이에요.

_____

_____

더 높은 자아에게 이 문제에 대해 지혜를 요청하고 마음에서 들리는 소리
를 집중해서 들어보세요. 그 소리를 받아 적어보세요.

_____

_____

_____

들려오는 소리는 어떤가요? 불안한 생각의 소리보다 더 차분한가요? 낙관
적이고 격려를 해주나요? 그 소리를 듣다 보면 불안이 감사와 평온, 낙관
주의로 변화해가는 것을 느낄 수 있나요?

_____

_____

_____

낯선 공간, 낯선 소리가 깨닫게 해주는 것들

뉴욕과 런던에서 생산적이고 즐거웠던 일정을 마치고 다시 샌타페이로 돌아왔다. 수강생들은 아주 열정적이고 유쾌했다. 유머와 열정, 영감이 넘쳐나는 강의였다. 영국의 주최 측은 기뻐하며 극진한 대접을 해주었다. 식사도, 교외 관광 프로그램도 모두 훌륭했다. 처음 보는 풍경과 다양하고 새로운 소리를 한껏 즐긴 나는 낙관적인 기분으로 돌아왔다. 또 수강생들이 이틀 동안 유익한 도구와 태도를 충분히 갖추게 된 점도 좋았다.

집으로 돌아왔을 때 산들은 황혼의 황금빛으로 빛나고 있었다. 날이 더워져 봉우리의 눈이 많이 녹았다. 정원에는 라일락이 활짝 피었다. 릴리를 데리고 산책에 나서자 통통한

> 듣는 법을 제대로 배운 이에게 내면의 가르침은 한밤의 부드러운 음악처럼 들린다. _버논 하워드

도마뱀이 길을 가로지른다. 회색이 아니라 줄무늬여서 구미가 당기지 않는지 릴리는 모른 척한다. 우리는 계단을 따라 흙길로 향한다. 차 소리가 들려 릴리를 가까이 잡아당긴다. 운전자가 손을 흔들어 인사하며 지나간다. 나는 샌타페이가 좋다.

런던으로 가기 전 앙상했던 나무들은 내가 자리를 비운 사이에 연초록 이파리들을 잔뜩 달았다. 우박 피해를 입은 꽃나무들은 서둘러 꽃을 떨어뜨리고 여름의 잎사귀를 준비하고 있다. 나 역시 여

름이 기대된다. 장미와 백합이 정원을 화려하게 꾸밀 것이다. 한낮의 더위가 가시면 마당에 나와 석양을 즐겨야겠다. 어스름한 풍경 속에서 반딧불이가 빛을 내며 날아다닐 것이다.

오늘은 낮이 물러가고 싶지 않은 모양이다. 오후 8시까지도 환하다. 샌타페이의 중앙 광장을 걷다가 친구를 만난다. 그는 두꺼운 겨울 차림이다.

"해가 많이 길어졌네요. 기온이 10도나 올랐고요. 이제 외투를 벗어야 하나 봐요."

그가 내게 인사하며 말한다.

"그러네요. 그럴 때가 되었네요."

나 역시 옷이 너무 두툼하다. 집으로 돌아와 옷장에 외투를 넣는다. 실내 온도를 확인하고 기온을 좀 높게 설정한다. 외투를 벗고 보니 서늘하기 때문이다. 전화가 울린다. 최근에 목 수술을 받은 스코티다. 며칠 전보다 훨씬 좋아진 것 같다.

"많이 나았어요. 매일 조금씩 좋아지는 걸 느낄 수 있답니다."

"목소리가 돌아왔네요."

"그래도 말을 많이 하지 말라고 하는군요."

"그래야 점점 좋아지겠죠."

"의사가 오늘 오후에 전화해서 그러더라고요. 그래도 궁금해서 전화했어요."

"전 잘 지내요. 오늘 하루 글도 잘 썼고요."

"그래서 목소리가 기운차군요."

"맞아요. 릴리랑 산책도 오래 했어요. 도마뱀이 나왔더군요."

"벌써요?"

"그러니까요."

"아, 목소리가 안 나오기 시작하네요. 그만 끊어야겠어요."

"내일 전화할게요."

"그래요."

우리는 통화를 끝낸다. 나는 삶의 온갖 문제에 용감하고 낙관적으로 맞서는 스코티의 모습에 감동한다. 의사가 20분마다 얼음찜질을 하라고 지시했다고 한다. 나 같으면 짜증을 내고 대충 해버렸을 텐데 스코티는 불평 없이 지시를 따른다. 그녀는 입버릇처럼 "전 상처투성이지만 그래도 지금까지 굳건히 버티고 있으니 감사한 일이죠."라고 말하곤 한다. 언제 어느 상황에서든 좋은 구석을 찾아내는 능력은 정말 대단하다.

이제 곧 자야 할 시간이다. 나는 일찍 자고 일찍 일어나려 한다. 하루를 온전히 누리고 싶어서다. 오전 6시에는 새들의 지저귐 소리가 좋다. 이따가 바람이 세게 불면 "곧 지나갈 거야."라고 혼잣말을 할 것이다. 바람이 잦아들면 집 안은 시계 소리만 들리는 고요한 공간으로 되돌아온다. 나는 익숙한 침묵을 즐긴다.

런던은 온갖 차량이 사이렌을 울리며 달리는 곳이었다. 내게는 너무 요란한 소리였다. 샌타페이에 가득한 자연의 소리를 그리워할 수밖에 없었다. 이제 돌아오고 나니 도시의 번잡함이 어쩐지 아쉽다. 그새 내 귀가 소음에 익숙해진 모양이다. 그러나 잘 듣기 위해서는 한 번에 하나의 소리만 들어야 한다.

나를 바꾸는 듣기 연습

낯선 곳에 가보세요. 꼭 다른 나라여야 하는 것은 아닙니다. 평소 지내는 장소와 다른 곳이면 됩니다. 그곳의 소리가 어떻게 다른지 들어보세요. 새로운 소리의 환경이 어떤 느낌을 주나요? 어떤 깨달음을 이끄나요?

마음이 나의 부족함을 일깨울 때

샌타페이의 예술가 파멜라 마코야에게 전화해서 점심 초대를 한다. 나는 그녀가 더 높은 자아에 적극적으로 귀를 기울이는 사람이라고 생각했는데, 실제로 만나 얘기를 나누다 보니 과연 그렇다.

만나기로 한 일본 식당에 딱 붙는 검은색 바지와 진홍색 상의를 입고 은발에 흰 피부를 지닌 파멜라가 들어온다. 상당한 미인이라 내 쪽으로 다가오는 그녀의 모습에 모두의 시선이 집중된다.

"안녕하세요? 다시 뵙네요."

파멜라가 일본인 식당 주인에게 인사를 건넨다.

"잘 지내고 계세요?"

"네, 어서 오십시오."

주인이 대답한다. 파멜라가 자리에 앉아 내게 설명한다.

"자주 오는 식당이에요. 음식이 다 맛있고 신선하거든요. 초밥도, 도시락도 훌륭해요. 데리야키도 그렇고요."

나는 아시아풍의 활자로 쓰인 메뉴를 넘기다 미소 국과 캘리포니아 롤로 간단히 주문한다. 파멜라는 긴 머리카락을 한쪽으로 넘기고 신중하게 주문한다. 나는 그녀에게 창작 작업에 대해, 그 과정에서 듣기의 역할에 대해 말해달라고 요청한다. 그러자 파멜라가 말을 시작한다.

"전 가만히 앉아 호흡하면서 귀를 기울인답니다. 제 글쓰기는 남과 나누기 위한 예술이죠. 연인에게 쓰는 사랑의 편지는 누구한테 읽힐지 아는 거잖아요. 글을 쓸 때 저는 말 그대로 펜을 종이에 대고 들려오는 단어들을 써 내려가요. 귀가 펜과 연결되었다고나 할까요. 그러고는 적힌 내용에 놀라곤 하죠."

파멜라가 차를 한 모금 마신다.

"아무것도 들리지 않으면 쓰기를 중단해요. 그 목소리는 분명하게 단어 하나하나를 풀어낸답니다. 거기엔 강세도 있고 운율과 색채도 있어요. 유머러스할 때도 많죠. 전 낄낄거리면서 단어를 듣는 것이고요."

미소 국이 온다. 파멜라 말대로 맛이 좋다. 그녀도 한 숟갈 떠먹고는 다시 대화에 열중한다.

"그림을 그릴 때면 호흡을 하고 주변을 말끔히 정리해요. 시각 예술이라 보이는 것에 영향을 받거든요. 붓에 귀를 기울이고 아주 분명하게 방향을 지시받아요. 밑그림 과정에서

작업이 중심이 되면 예술가는 그 흐름을 방해하지 않고 물러서 귀를 기울이게 된다. _매들린 렝글

뭔가 바꾸는 일이 거의 없어요. 밑그림이 제가 듣는 언어가 된다고나 할까요."

파멜라가 큰 소리로 웃고는 말을 잇는다.

"그래요. 전 잘 듣는 사람이에요. 듣는 건 사랑에 빠지는 방법이라고 생각해요. 상대의 에너지에 공명하고 단어를 넘어선 목소리 톤을 듣는 거죠. 큐피드는 귀가 크지 않았을까요. 사랑은 듣는 자세를 요구해요. 단어를, 단어 사이의 공백을, 침묵을 들어야 하죠. 나의 안전지대를 벗어나 미지의 것을, 취약한 부분을 들어야 해요. 저는 듣기를 통해 사랑이나 예술로 들어갈 힘과 의지, 용기를 얻는

것 같아요."

초밥이 나온다. 우리는 몇 분 동안 말없이 식사한다. 파멜라가
다시 입을 연다.

"듣는 일이 없으면 사랑도 없는 거죠. 듣기는 영적 연결을 가능
케 해요. 맞아요. 듣기가 없으면 사랑도, 연결도 없어요. 그리고 예
술은 바로 연결이에요."

우리는 감탄하며 초밥 접시를 비운 후 더 주문하기로 한다. 새
음식이 나오기 전에 다시 파멜라의 말이 시작된다.

"전 우주가 들려주는 말을 들어요. 이혼 후 감정적 위기를 겪었
어요. 얼마나 상처가 큰지 제대로 깨닫지도 못했죠. 그런데 갑자기
경찰차, 소방차, 구급차의 사이렌 소리가 들리기 시작하더군요. 그
때부터 사이렌은 멈추고 호흡하고 내 몸을 보살피라는 신호, 그 순
간에 집중하라는 신호가 되었어요. 10년이 지난 지금까지도 그 연
습을 계속하고 있어요. 귀를 기울이면 우주와 상호작용하는 경험
을 할 수 있어요. 교회 종소리를 들으면 멈춰서 기도하죠. 듣기를
통해 온 우주가 저의 선생님이 되었어요."

파멜라가 마지막으로 정리하며 말한다.

"주의 깊게 듣는 것은 고대의 신화, 천사, 영혼에 접근하는 방법
이에요. 시간을 초월하는 것들 말이에요. 보는 것이 믿는 거라고들
하죠. 전 듣는 것이 믿는 것이라고 말합니다."

주의 깊게 듣는 것은 우리를 더 높은 차원과 연결합니다. 펜을 들고 '내가 알아야 하는 것은 무엇인가?'라고 스스로 물어보세요. 그리고 들리는 말을 써보세요.

_____

_____

_____

그것이 당신의 현명한 자아의 목소리입니다. 그 조언을 명심하세요.

마음의 소리를 믿고 따르는 법

"12시가 아니라 12시 반 약속으로 생각했지 뭐예요."

브렌덜린 배첼러 목사가 카페에 늦게 도착한 걸 사과한다. 밝은 줄무늬 상의에 진초록 바지를 입은 그녀의 긴 금발이 출렁인다. 겉모습만 보면 전혀 목사 같지 않다. 25년 봉직한 끝에 캐주얼한 차림을 할 수 있게 되었다고 한다.

"머리카락이 예쁘네요."

내가 칭찬하자 브렌덜린은 쑥스러운 듯 말한다.

"내일 자르려고요."

"아, 그렇군요."

브렌딜린이 메뉴를 꼼꼼하게 살핀다. 뭘 주문할지는 이미 정해져 있지만 말이다. 고구마, 케일, 양파, 버섯, 아보카도가 들어간 채식 요리다.

직관의 소리를 발견하고 직관의 언어로 노래하기를. _조디 리본

나는 오트밀과 과일을 주문한다. 식사를 기다리며 내가 질문을 던진다.

"영적인 길에서 듣기는 얼마나 중요한가요?"

"핵심이죠. 저는 늘 그 작은 목소리에 귀를 기울인답니다."

브렌딜린이 가슴을 가볍게 두드린다. 나는 그녀가 기도하는 모습을 상상해본다.

"어떻게 듣는데요?"

"하루 두 번, 한 시간씩 명상해요. 고요한 상태에서 몸속의 감각에 집중하죠. 특별한 행동은 없어요. 그저 일어나는 상황에 주의를 기울이는 거죠."

식사가 도착하고 브렌딜린이 식사를 시작한다. 나는 말없이 기다린다. 이윽고 그녀가 말한다.

"침묵에 귀를 기울이고 메시지를 얻어요. 다음에 뭘 해야 할지 인도를 받는 거죠."

"그러니까 듣기에 집중하고 그렇게 집중한 것에 보상을 받는다

는 거군요?"

"맞아요. 정확해요. 최근에는 제 경험을 설명해주는 표현을 들었어요. 영적 듣기는 '귓속의 귀로 듣는 것'이라고 하더군요. 정말 맞는 말이라고 생각했죠."

"인도받기 위해 기도하는 것이군요?"

브렌덜린이 포크질을 멈춘다.

"저는 내면에 귀를 기울여요. 바깥의 신을 믿는 게 아니니까요."

이어 그녀가 고구마 한 입, 아보카도 한 조각을 먹기 시작한다. 틱낫한의 말처럼 마음을 다해 식사하는 모습이다. 그녀가 설명을 이어간다.

"저는 신의 일부이고 신은 제 일부죠."

"저도 신이 듣는다고 믿어요."

"전 듣는 것의 힘을 믿어요."

브렌덜린이 말한다. 그리고 마지막 고구마에 포크를 가져가며 내가 그녀 안의 신이라는 개념을 생각하도록 잠시 시간을 준다.

"그러니까 저는 듣는 신을 믿고 목사님은 말하는 신을 믿는 건가요?"

"그런 것 같아요. 제 목적은 실용적이에요. 다음에 뭘 해야 할지 듣는 거죠."

브렌덜린은 자기가 하는 일은 '주파수를 맞추는 것'이라고 말한다. 영적 라디오 장치가 된다는 뜻이다.

"전 제 바깥에 있는 신을 믿는 게 아니에요. 제 안의 신을 믿죠."

"그러면 기도할 때는 자신을 향해 기도하는 것인가요?"

"아, 그렇다고도 할 수 있죠. 방금 말 했듯이 저는 바깥에서 메시지를 주는 신을 믿고 따르는 게 아니니까요. 답은 내면에서 구해요."

영혼의 무지개는 하늘의 별들보다 더 화려하다. _마트쇼나 드리와요

"내면의 신도 계획은 세우는 거죠?"

"들으면서 계획하는 법을 배우게 된다고 믿어요. 앞서 말씀드렸 듯 전 신의 일부이고 신은 제 일부니까요. 핵심은 듣는 거예요."

나를 바꾸는 듣기 연습

내면의 소리라고 여겼던 것을 떠오르는 대로 써보세요.

그중 당신이 믿고 싶은 내면의 소리는 어떤 내용이었나요? 가장 크게 와닿 았던 내용을 써보세요.

당신이 믿는 내면의 소리는 어떤가요? 친절한가요? 재미있나요? 아니면 현명한가요? 다정한가요?

서두르지 말고 여유롭게 듣기

미셸 워서는 신체 단련 전문가로 듣는 것이 '일의 핵심이자 모든 것'이라 믿는다. 미셸은 호리호리한 미녀로 그녀 자체가 자신의 이론을 증명하고 다니는 광고판이나 다름없다.

"저는 고객들이 운동하다 부상을 당하지 않도록 그들의 말에 귀를 기울여요. 운동하면서 언제 어떻게 불편한지 말하도록 해서 방법을 조정하죠. 물론 모두가 날씬해지고 싶어 하지만 그러려면 시간과 적절한 관리가 필요해요. 전 천천히 진행하고 만족할 만한 결과를 얻습니다."

걷기 예찬자인 미셸은 자신도 매일 걸으면서 고객들도 그렇게 하도록 권한다.

"걷기는 등에 좋아요. 5분만 걸어도 도움이 되죠. 어떤 운동이든 좋아요. 5분, 10분씩 자주 하면 됩니다. 오랜 시간을 들여야 한다고 생각하지 마세요. 짧게 해도 충분합니다."

미셸이 지도하는 30분 프로그램은 자전거 타기 10분, 트레드밀 5분, 매트 운동, 균형 잡기 운동으로 이어지다 스트레칭으로 끝난다. 모든 과정에서 그녀 특유의 낙관주의가 양념으로 들어간다. 그녀는 아주 작은 성과라도 놓치지 않고 잡아낸다.

나는 6개월 동안 매주 세 차례씩 미셸과 운동했다. 처음에는 힘들었지만 점점 쉬워지고 있다. 나는 체중이 많이 나가고 요요현상이 금방 오는 편이다. 미셸은 운동을 안 했다면 내 체중이 훨씬 더 늘었을

> 직관은 영혼으로 바라보는 것이다. _딘 쿤츠

것이라고 한다. 거울을 보면 정말 그랬을 것 같다. 나는 좀 더 밀어붙였으면 하지만 미셸은 몸에 무리를 주려 하지 않는다. 내 몸이 던지는 단서에 귀를 기울이며 아직은 30분 운동을 유지하고 있다.

"등은 어떠세요?"

미셸이 묻는다. 나는 등 통증이 사라졌다고 즐겁게 보고한다. 운동 전에는 주기적인 통증으로 고생했다. 내 몸 오른쪽 근육이 왼쪽보다 더 단단했다고 한다. 미셸은 스트레칭을 통해 그 균형을 맞춰주었다.

"다시 등이 아프다 싶으면 배운 대로 스트레칭을 하세요. 저한테 얘기도 해주시고요. 전 들으려고 노력하는 사람이지만 이야기하지 않은 내용까지 들을 수는 없답니다."

운동할 때 미셸은 내가 미처 말하기도 전에 아픈 부위를 알아내곤 한다. 아마 내가 한숨을 쉬거나 소리를 내는 모양이다.

"절 속이려 하시면 안 돼요."

아주 약한 신음에도 그녀는 즉각 주의를 기울인다. 브렌딜린의 표현을 빌리면 '귓속의 귀'로 듣는 모양이다.

신체를 단련시키는 일은 미셸에게 영적인 길이다. 처음에는 자

신의 더 높은 힘에, 다음에는 고객에게 주파수를 맞춘다. 한 번에 한 걸음씩 앞으로 나아간다. 진정한 치유를 위해 미셸은 고객과 공감대를 만들려고 한다. 상대의 내면적 아름다움을 끌어내려 애쓰는 것이다. 인내심을 발휘하며 천천히, 부드럽게 프로그램을 이어간다. 질문을 던지고 고객의 대답을 듣는다. 그렇게 그녀는 효과적으로 건강해지는 길로 이끈다.

미셸은 고객이 던지는 미세한 단서에 귀를 기울이면서 작은 개선과 발전을 잡아내고, 이를 긍정적으로 언급함으로써 고객에게도 낙관주의를 심어준다. 내가 고마움을 표할 때면 그녀는 늘 "제일인 걸요."라며 겸손하게 넘겨버린다. 그렇게 그녀는 치유 작업을 이어가고 있다.

나를 바꾸는 듣기 연습

속도를 늦추고 새로운 발견에 귀를 기울여보세요. 서두름은 걱정을 낳지만 여유로움은 깨달음을 낳는다는 걸 기억하세요.

귀 기울이면 답이 보인다

맨해튼의 부동산 중개인 수잰 실리는 그저 안부가 궁금하다며 내게 전화를 했다. 내가 뉴욕에 살 때 친하게 지냈는데 지금도 연락을 이어가는 사이다. 영적인 길을 수련한 지 38년째인 수잰은 맨해튼의 1급 부동산 전문가로 명성을 얻고 있다. 겸손과 경험의 성공적인 조합을 보여주는 그녀는 잘 듣는 것이 일의 핵심이라고 말한다. 고객이 말하거나 말하지 않는 요구를 매물과 연결해야 하기 때문이다.

"저는 평소 고객의 반응에 귀를 기울이는데 특히 몸짓을 유심히 살펴요. 어디에 마음이 있는지 단서가 나오거든요." 그러면서 그녀는 나와 만난 날 있었던 이야기를 들려준다. "오늘 오후만 해도 그랬어요. 렉싱턴 가에서 거리 축제가 있었고 근처의 3층 아파트를 보여주는 중이었죠. 축제가 바로 옆에서 열리는데도 아파트에서 내려다보는 정원은 고요하고 평화로웠어요. 손님 부부는 그 조용함이 마음에 드는 것 같았어요. 부인은 이 방 저 방을 오가며 가구 배치를 계획하는 듯했죠. 남편은 그저 가만히 서서 고요함을 즐겼고요. 아파트가 스스로 자기를 소개하도록, 전 가

> 직관이 우리를 인도하도록 하라. 그리고 우리는 그것을 두려움 없이 따라야 한다. _삭티 거웨인

만히 있었어요. 창문이 열려 있는데도 아무 소음이 없었고 그저 고요한 기쁨만이 있었죠."

수잰은 잠시 말을 멈췄다가 생각에 잠겨 말을 잇는다.

"듣는다는 건 온전히 집중한다는 뜻이에요. 대화를 끝내려고 서

둘러서는 안 돼요. 고객이 더 많이 말하도록 하는 거죠. 그러려면 인내심이 필요하고요."

정확히 전달하고 싶은 마음 때문인지 그녀는 다시 말을 멈춘다.

"제일 멋진 듣기는 새로운 친구를 사귈 때 나오죠. 질문을 던지고 대답을 듣고 다시 이어지는 질문을 던지는 거예요. 상대는 당신이 정말로 집중하고 있다는 걸 알게 되죠. 듣는다는 것은 속뜻을 읽어내는 것, 상대도 미처 몰랐던 것을 발견해주는 거예요."

수잰이 잠깐 짬을 두었다가 말을 잇는다.

"부동산 중개에서 듣기가 정말 얼마나 중요한지 몰라요. 그리고 귀가 아니라 눈으로 들어야 할 때도 많아요. 상대방의 표정과 몸짓이 아주 많은 얘기를 해주거든요. 제가 성공할 수 있었던 비결도 바로 그런 듣기예요."

나는 고객의 상황을 큰 그림으로 파악하고 직관에 따라 해석하는 그녀의 능력에 감탄한다. 집을 고르는 일은 매우 사적인 영역이다. 수잰은 직관력을 발휘해 고객과 연결될 것 같은 집으로 안내하고 상황을 지켜보는 것이다. 물론 채광이 어떤지, 침실이 몇 개인지도 중요하다. 집값과 위치, 인테리어도 중요하다. 하지만 '내 집처럼 느껴지는 것'은 보다 미묘한 부분이다. 잘 들음으로써 인간과 공간의 화학적 조합을 파악할 줄 아는 수잰의 능력은 탁월하다고 하지 않을 수 없다.

직관의 안내를 받는다고 느꼈던 상황을 떠올려보세요. 평소의 자신보다 지혜로웠던 때, 무엇을 해야 하는지 안내받는다고 생각되었던 때를 떠올려 적어보세요. 그때 당신은 수잰처럼 잘 듣고 스스로 방향을 잡았던 겁니다.

모닝 페이지, 아티스트 데이트, 걷기를 계속하고 있나요? 이번 주에는 몇 번 정도 시도했나요?

의식적으로 주변에 귀를 기울인 결과 무엇을 발견했나요?

자기 자신과 더 깊이 연결되었음을 깨달았나요?

내면의 소리를 듣는 일에 저항을 경험했나요? 그 저항을 이겨낼 수 있었나요?

기억에 남은 듣기 경험을 하나 떠올려보세요. 어떤 깨달음의 순간이 있었나요?

238

The Listening Path

WEEK 4

소중한 사람들의 말을
경청하는 법

죽음을 삶의 종말로 보는 것은
수평선을 대양의 끝으로 보는 것과 같다.

_데이비드 설스

이번 주에는 조금 더 깊은 듣기의 세계로 들어가보자. 지금 내 곁에는 없지만 분명 어디선가 나를 기억하고 또 내가 기억할 이들에게 귀를 기울이는 연습이다.

　이제까지 주변 환경과 사람들, 더 높은 자아에 귀 기울이는 습관을 몸에 익혔으니 이번 단계도 그리 어렵지는 않을 것이다. 눈에 보이지 않는다고 해서 들리지 않거나 가깝지 않은 것은 아니다. 안 될 거라는 나 자신의 저항만 이겨낸다면 그런 듣기 또한 일상적이고 편안하게 느껴질 수 있다.

마음에 믿음을 자라게 하는 말들

네 번째 주에는 소중한 이들의 말을 들어볼 것이다. 이를 위해서는 열린 마음이 필요하다. 세상에는 자신의 곁을 떠난 사람들을 추억하며 여전히 곁에 있다고 여기는 사회가 많지만, 우리는 그들이 우리를 떠나 닿을 수 없는 곳에 있다고 여기는 사회에 살고 있다. 하지만 귀 기울여 듣다 보면 꼭 그렇지는 않다는 걸 알게 된다.

마음을 열고 받아들이면 이들의 소리도 들을 수 있다. 필요한 것은 단 하나, 기꺼이 시도하려는 의지뿐이다. 아무리 곁에 없어도 사랑하는 이들에게 손을 뻗으면 그들도 손을 뻗어온다. 예전처럼 말하는 소리를 들을 수도 있다. 마음의 문을 열기만 하면 이 모든 것이 가능해진다.

종이에 '…의 소리를 들을 수 있나요?'라고 써보자. 그러면 답이 곧장 나올 것이다. 사랑하는 이가 말하는 소리를 정말로 들을 수 있고 너무 선명해서 진짜처럼 느껴질 수도 있다. 하지만 그게 진짜일까? '우리의 연결을 의심하지 마'라는 꾸짖음이 들린다. 회의론을 밀쳐두라는 조언도 들린다. 아이처럼 약하지만 열린 마음을 가지라고 말

죽음은 삶을 끝낼 뿐 관계를 끝내는 것은 아니다. _미치 앨봄

이다. 마음을 열면 지속적인 대화라는 보상을 받는다.

나는 매일 그들과 대화한다. 내가 부르면 내 소리를 듣고 응답해

준다. 그중 첫 번째는 제인 세실이다. 그녀는 나의 오래된 친구이자 조언자였다. 나는 매일 제인에게 말을 걸고 지혜를 구한다.

"제인과 말할 수 있을까?"

내가 묻는다. 그러면 즉각 답이 온다.

"줄리아, 바로 네 옆에 있어. 넌 제대로 방향을 잡았고 잘 살고 있어. 그 길에 잘못된 건 없어."

제인은 나를 반기고 편안하게 해주면서 더 구체적인 이야기를 들려준다. 지금의 문제에 주의를 집중하라고 한다.

"책은 잘 진행될 거야. 일정한 속도를 유지하면 돼. 쓸데없는 걱정으로 자신을 비판하지 마."

제인의 메시지는 언제나 그랬듯 짧고 직접적이다. 내 걱정거리를 정확히 짚어내고 위로해준다. 때로는 내가 미처 모르고 있던 문제를 찾아내기도 한다. 언젠가 "넌 지금 술을 끊은 상태지. 앞으로도 그렇게 계속 이어갈 거야."라고 말했는데 이 말을 듣기 전까지 나는 음주에 대한 내 걱정을 의식하지 못했다. 제인의 통찰력은 나를 훨씬 넘어섰던 것이다.

제인과 대화한 후 나는 또 다른 친구 엘버타 혼스타인에게 주의를 돌린다. 챔피언 경주마 사육 전문가였던 그녀는 "줄리아, 넌 챔피언이야."라고 말해준다. "넌 어떤 장애물도 너끈히 극복할 거야. 넌 강하거든. 내가 힘과 믿음을 줄게."

제인처럼 엘버타의 메시지 역시 격려를 담고 있다. 둘은 내 '숨

은 걱정'을 정확히 짚는다. 나는 내가 능력이 없을까 봐 걱정인데 엘버타는 내게 능력이 차고 넘친다고 말해준다. '챔피언'이라고 불러주면서 말이다. 그리고 그녀 역시 우리의 관계가 여전히 이어지고 있음을 확인해준다.

"날 불러주면 언제든지 올게. 나한테 말하면 나도 너한테 말할 거고. 전에 그랬던 것처럼 지금도 함께 있는 거야. 우리는 영원히 연결되어 있거든."

이런 격려를 받으면서 나는 나 자신을 신뢰하게 된다. 내가 들은 내용을 쓰면서 더 많은 사람이 이 간단한 도구를 사용했으면 좋겠다고 생각한다.

어떤 말이든 들려달라고 청하고 그 소리를 들어라. 늘 함께였지만 이제는 만날 수 없는 친구와 연결되고 싶은 건 지금 이 순간 그 친구가 꼭 필요하기 때문이다. 예전에 우리는 매일 이야기를 나누었고 그 습관은 지금까지도 지속되고 있다. 계속 만나고 조언을 구하고 싶은 내 마음이 그들의 목소리에 귀를 기울이도록 했다. 그래서 '제인에게 …에 관한 얘기를 해볼 수 있을까?'라는 질문을 던진 것이다. 나는 제인이 방 안에 함께 있는 듯 귀를 기울였고 그녀가 지금 나와 함께 있다는 것을 깨달았다. 그리고 펜을 들고 제인이

하는 말을 전부 받아썼다.

엘버타의 경우도 마찬가지다. 나는 그녀에게 기도해달라고 자주 부탁하곤 했다. 강의를 잘 해낼 수 있을지 걱정되면 전화해서 이렇게 말했다. "기도할 때 나도 꼭 기억해줘." 엘버타의 기도는 내게 확신을 주었다. 그 기도가 늘 나를 도와주고 있다는 걸 느낄 수 있었다.

모든 것이 다른 모든 것과 연결되어 있다는 것을 깨달아야 한다. _레오나르도 다 빈치

그녀가 갑작스럽게 세상을 떠난 후 나는 허공에 대고 "엘버타, 도와줘."라고 말했다. 그리고 펜을 들고 답변을 기다렸다.

"잘 해낼 거야. 내가 네게 지혜와 용기를 줄게."

엘버타가 약속해주었다. 나는 그녀에게 들은 말을 쓰면서 살아 있었을 때와 다름없는 그녀의 침착함을 느낄 수 있었다.

제인과 엘버타는 예전과 다르지 않았다. 내가 부르면 대답해주었고 열성적으로 대화에 참여했으며 항상 격려의 메시지를 전했다. 나를 늘 지켜보고 있다는 느낌이었다. 예전에 즐겁게 만나던 것과 똑같았다.

한동안 나는 그 연결을 혼자만 간직했다. 내게는 너무도 생생했으므로 괜히 다른 사람들의 말을 듣고 싶지 않았다. 시간이 가면서 그 만남이 줄지 않고 점점 잦아진다는 걸 확인한 후 나는 몇몇 친구들에게 그들의 이야기를 털어놓았다. "제인이 그러던데." 혹은

"엘버타가 그랬어."라는 말을 하게 된 것이다. 다행히도 그 친구들은 내 말을 어처구니없는 소리로 여기지 않았다. 비웃음을 살까 봐 걱정했다고 말했더니 전혀 그럴 일이 아니라고도 해주었다.

"직접 이야기 나눌 수 있다니 얼마나 운이 좋아요."

스코티는 이렇게 말했다. 하지만 나는 운은 별 상관이 없다고 느낀다. 핵심은 열린 마음이다. 더 많은 사람이 세상을 떠난 사랑하는 사람과 대화를 시도한다면 이는 점점 일반적인 일이 될 것이다.

나를 아끼는 이들의 격려를 듣는다는 것

"하지만 그런 방법은 그저 희망 섞인 상상뿐일 수도 있지 않나요?" 이렇게 묻는 사람들도 있을지 모른다. 만약 그렇다면 '희망 섞인 상상'이 나를 긍정적인 방향으로 이끄는 셈이다. 긍정성에는 아무 문제도 없다. 우리의 가치를 북돋아주니 말이다. 우리는 긍정적인 메시지에 걸맞은 모습이 되고자 애쓰면서 더 강하고 좋은 사람이 된다. 희망 섞인 상상은 우리를 앞으로 이끌어준다.

제인이 떠난 지 3년, 엘버타가 떠난 지 2년이 지났다. 나는 두 사람에게 직접 글을 쓰기 시작했고 몇 년간 그들의 메시지를 받아왔다. 일기장을 뒤적여보면 결국 핵심 메시지는 같다. 나를 격려하고 믿어주는 말들이다. 내가 제대로 가고 있다는 믿음을 가지라는 말뿐이다. 불길한 말은 들은 적이 없다. 아마 문제를 피해 길을 안내해주는 모양이다.

"줄리아, 네 창조성은 대단해."

엘버타가 이렇게 말한다.

"너는 어느 때보다 더 강해."

줄리아도 말해준다.

때로 나는 들은 말을 스코티에게 읽어준다. 그래서 가끔 삶이 던진 문제 앞에서 혼란을 느낀다고 하면 그녀가 먼저 "제인과 엘버타에게 물어봤어요? 뭐라고 하던가요?"라고 묻기

> 아무리 멀리 있어도 우리와 함께 생각하고 느끼는 존재가 있음을 알 때 세상은 북적거리는 정원이 된다. _요한 볼프강 폰 괴테

도 한다. 세월이 흐르면서 그녀도 나처럼 곁에 없는 이들의 목소리를 신뢰하게 된 것이다. 나는 들은 말을 털어놓을 수 있어서 좋다. 스코티는 내 말에 귀를 기울여준다. 터무니없다는 소리는 한 번도 한 적이 없다.

내 믿음의 거울인 소냐 쇼켓도 믿을 수 있는 사람이다. 제인이나 엘버타의 말을 전하면 심령술사인 소냐는 그걸 믿으라고 격려해준다. 너무 실제로 대화하는 것 같아서 오히려 진짜인지 의심스러울 때가 있다고 하면 그녀는 "의심을 버려요."라고 말해준다.

"영혼과의 소통은 쉽고 자연스러운 거예요. 특별한 방법을 알아

야 하는 일이 아니라고요."

배운 적 없고 마음만 열려 있는 상태에서 여전히 친구들과 대화를 이어간다. "제인과 엘버타의 말을 들을 수 있을까요?"라고 묻고 답을 기다린다. 두 사람은 내가 듣는 목소리 중에서도 핵심적이다. 나는 이들의 메시지가 분명 의미 있다고 믿게 되었다.

지금은 곁에 없는 이들과 연결되려고 시도할 때 아마 가장 먼저 드는 마음은 들리는 메시지를 무시하려는 마음일 것이다. '이게 말이 되는 일인가?'라고 의아해하면서 말이다. 그들의 소리라고 혼자 상상하고 믿는 게 아닐까?

그렇지 않다. 소냐의 말에 따르면 중요한 것은 우리가 사랑하는 이의 목소리를 들을 수 있고 들을 것이라는 분명한 믿음이다. 연결에 대한 순수한 열망이 그들과 나 사이에 다리를 연결한다. 듣고자 기도한다면 거기에 응답하는 사랑하는 이의 소리를 정말로 듣게 된다. 그리고 그 메시지는 분명하다. '우리의 연결을 의심하지 마'라는 것이다.

연결을 경험하고 싶다면 취약한 상태를 유지하는 위험 부담을 안아야만 한다. _브레네 브라운

우리는 의심하는 마음을 의심하는 법을 배워야 한다. 단어가 우리 의식에서 나오는 것처럼 허공 속에서 사랑하는 이들의 목소리가 들려올 수 있다는 것을 믿어야 한다. 들리는 것을 귀 기울여 듣고 받아쓰자. 사랑하는 이들은 고요하고 다정하게 말한다. 우리와

달리 그들은 연결을 의심하지 않는다. 그러기는커녕 환영하고 기뻐한다. 우리는 그들의 말을 받아쓰고 위안을 얻는다. 그들의 애정과 배려가 생생히 느껴진다. 허공 속 사랑하는 이들에게 손을 내밀면 그들은 마주 잡아준다. 그들은 여전히 우리를 사랑한다.

일단 "…의 소리를 들을 수 있나요?"라고 물어보자. 이는 전화를 거는 것과도 같아서 그 사람이 곧 대답을 해올 것이다. 그리고 "내가 늘 안전하게 너를 보호해주고 있어."라고 말해줄 것이다. 들리는 말을 받아쓰자. 사랑의 메시지가 풀려나올 것이다. 그렇게 우리는 다시 연결된다.

나를 바꾸는 듣기 연습

말도 안 되는 행동을 한번 시도해봅시다. 당신과 특히 가까웠지만 이제는 볼 수 없는 가족이나 친구를 한 명 선택하세요. 그리고 "…의 소리를 들을 수 있나요?"라고 질문을 던져보세요. 그리고 그 사람의 소리라고 생각되는 것을 들리는 대로 써보세요.

어떤 말을 해주는지 잘 들어보세요. 격려나 응원의 메시지가 들렸나요? 아마 짧지만 직접적인 메시지였을 겁니다. 그 사람이 나에게 늘 말하곤 했던 신뢰와 애정의 말들 말이죠. 그렇게 연결될 수 있습니다.

힘들 때는 주저 말고 손을 뻗어라

갈색 머리에 갈색 눈을 지닌 수전 랜더는 현실적인 사람으로 보이고 실제로도 그렇다. 그녀는 곁을 떠난 이들과 소통하며 메시지를 받는 일을 한다. 내가 제인과 엘버타와 만나는 경험을 털어놓는 믿음의 거울이기도 하다. 수전은 그 모든 일이 실제라고 믿는다. 나도 그녀와 이야기를 나누다 보면 그렇게 생각하게 된다.

수전과의 대화는 늘 기대가 된다. 나는 수화기를 들고 플로리다에 있는 수전에게 전화를 건다. 떠나보낸 이들의 목소리를 듣는 일에 대한 생각을 말해달라고 부탁하자 그녀는 기다렸다는 듯 술술 말을 이어나간다.

우리는 모두 연결되어 있다. 미풍과 바람을 구분할 수 없듯 하나의 삶과 다른 삶을 구분할 수 없다.
_미치 앨봄

"저의 듣기는 여러 차원에서 이루어진답니다. 우선 일반적인 대화에서 듣는 것이 있죠. 그럴 때 저는 너무 표면적인 대화가 되지 않도록 해요. 그러면서 대답하기 위해 듣지 않으려 애를 써요. 전 외향적인 사람이라 말하기를 좋아하고 제 경험을 나눠 주고 싶은 마음이 크거든요."

수전이 계속 말한다.

"작년에는 정말로 듣기 힘들었던 상황도 있었답니다. 남들이 얘기할 때 온전히 거기 있어주는 건 아주 존경할 만한 일이에요. 제가 좋아하는 대화 상대 중에 언어병리학자가 있는데 이분은 말하기의 흐름에 아주 민감해요. 잠시 멈추고 다시 듣는 식으로 속도를 조정하죠. 사실은 늘 천천히 대화가 이어지도록 하는데, 아주 편안하답니다. 그분이 말할 때는 제가 온전히 집중하고 제가 말할 때는 또 그분이 온전히 집중해주죠. 이게 일반적인 대화에서의 저예요."

수전이 명상하듯 말 속도를 늦춘다. 그녀의 의식 변화가 말소리에 반영된다.

"하지만 일할 때의 저는 달라요. 남들에게 들리지 않는 소리를 들으려면 온전히 영혼에 귀 기울여야 하죠. 나를 버리고 영혼이 보내는 메시지의 통로가 되는 것이 목표예요. 영혼의 메시지는 여러 감각으로 오기 때문에 저는 듣고 보고 느끼죠. 온몸으로 참여해요. 일반적 대화에서 두뇌만 사용하는 것과는 아주 다르죠."

여기서 다시 한번 나는 머리로 하는 듣기와 마음으로 하는 듣기의 차이를 느낀다. 수전이 말하는 것은 두 가지의 결합이다.

"영혼의 목소리에 귀 기울이는 일은 아주 신성하다고 생각해요. 제가 그들의 메시지를 전해줄 것이라고 믿는 사람이 있으니 정말 열심히 들어야 하죠. 책임감이 아주 커요. 사랑

우리가 잃어버린 것들은 결국 되돌아올 방법이 있다. 예상했던 방법이 아닐 때도 있지만. _조앤 롤링

하는 이의 소리를 듣고 싶어 하는 거니까요. 직접 듣지 못하는 사람들을 위해 대신 들어주는 역할을 하니 최선을 다해야 해요. 그래

서 주의 깊게 귀를 기울입니다. 거대한 영혼의 안테나가 된다고 할까요."

수전이 잠시 말을 쳤다가 조용히 계속한다.

"보람이 크고 멋진 일이에요. 지금 당신 곁에 말들이 그려져요. 말을 다루는 당신 친구가 보낸 그림엽서네요."

나는 엘버타를 생각하며 미소 짓는다. 엘버타가 내 곁에 있는 것이다.

나를 바꾸는 듣기 연습

눈을 감고 특별한 곳에 있는 자신을 상상해보세요. 당신을 이끄는 누군가를 만나는 장면을 상상하며 걸어보세요. 누가, 무엇이 보이나요? 목소리가 들리나요? 귀 기울여 듣고 적어보세요.

당신이 다시 만나고 싶어 하는 그 사람은 지혜롭고 다정합니다. 그의 조언을 받아들이세요. 감사의 인사를 전하고 다시 평소의 의식으로 돌아오세요. 그리고 언제든 필요할 때 다시 얘기를 나눌 수 있다는 점을 기억하세요.

모닝 페이지, 아티스트 데이트, 걷기를 지속하고 있나요? 이번 주에는 몇 번 정도 시도했나요?

곁을 떠난 이들의 목소리에 귀를 기울인 결과 무엇을 발견했나요?

그들과 이야기를 나누고 있다고 느끼나요?

곁을 떠난 사람과의 대화에 대해 저항을 경험했나요? 그 저항을 이겨낼 수 있었나요?

기억에 남은 듣기 경험을 하나 떠올려보세요. 어떤 깨달음의 순간이 있었나요?

WEEK 5

마음속 영웅에게
지혜를 구하는 법

배우려는 의지를 갖고 귀를 기울여라.

_우나린 라마루

이번 주에는 기존에 연습했던 방법들을 가지고 좀 더 새로운 시도를 해보자. 바로 우리 마음속 영웅들에게 귀를 기울이는 것이다. 우리는 지금은 세상에 없지만 여전히 우리에게 커다란 영향을 미치는 누군가를 만나보고 싶어 한다. 예를 들면 애니메이션 제작가들은 월트 디즈니를, 작가들은 오스카 해머스타인 2세를 만나보고 싶어 한다. 물론 여기서도 저항에 부딪힐 수 있다. 어떻게 한 번도 만나보지 못한 그들의 소리를 들을 수 있다는 걸까? 하지만 이 역시 사랑하는 사람의 목소리를 들을 때처럼 전혀 어렵지 않다. 아주 조금만 마음을 열고 상상력을 발휘한다면 우리는 생각보다 훨씬 쉽게 그리고 가깝게 이들과 연결될 수 있다.

지금 내게 필요한 것을 짚어주는 목소리

벌써 다섯 번째 주가 되었다. 지금까지 당신은 훌륭하게 따라왔다. 자신과 다른 사람에게 귀를 기울이는 법을 연습했고 바로 앞 단계에서는 사랑하는 이의 응원과 격려의 말에 귀를 기울이기도 했다. 이제는 깊이 존경하지만 개인적으로 알지 못하는 존재, 즉 영웅의 목소리에 귀를 기울이는 시도를 해볼 것이다.

지금은 곁에 없는 사랑하는 이들과 연결되는 것이 놀라울 정도로 쉬웠듯 영웅과 연결되는 일도 간단하다. 전혀 어렵지 않다. 여기서도 문제는 우리의 의지다. 연결되겠다는 순수한 열망이 필요하다. 영웅은 그 명료함에 응답한다.

> 자신이 누구인지 이해하는 한 가지 방법은 자신의 영웅이 누구인지 기억하는 것이다. _월터 아이작슨

일단 스스로에게 '내가 정말로 존경하는 사람은 누구지?'라는 질문을 던져야 한다. 우리의 영웅은 한 개인이다. 정말로 존경하는 이가 누구인지 물었을 때 나오는 대답이 놀라울 수도 있다. 누구나 그러려니 할 인물이 아니라면 말이다. 그저 자신이 존경하면 그만이다. 영웅은 나의 가치 체계에 들어맞는 인물이다. 교육을 중시한다면 위대한 교사 조지프 캠벨Joseph Campbell이 영웅일 수 있다. 용감함에 가치를 둔다면 여성 비행사 아멜리아 에어하트Amelia Earhart가 영웅일 것이다. 말을 사랑한다면 경마 기수 출신 작가 딕 프랜

시스_{Dick Francis}가 영웅일 것이다. 자신의 영웅이 누구인지 부르는 것만으로도 연결되는 느낌이 든다. 그 연결감을 한 단계 더 발전시키면 영웅에게 지혜를 구할 수 있다. 당신이 무엇을 원하는지 구체적으로 밝힌다면 아주 신속하게 목소리가 들려올 것이다.

영웅이 쉽게 응답한다고 해서 그의 가치가 떨어지지는 않는다. 영웅은 여전히 영웅이다. 영웅의 반응은 다정하고 정확하다. 명확히 이름을 불러주면 영웅도 우리에게 필요한 것을 정확히 짚는다. 말로 표현하지 못했던 것까지도 말이다.

나는 '익명의 알코올 중독자들'_{Alcoholics Anonymous} 공동창립자 빌 윌슨_{Bill Wilson}을 불러본다. 그리고 새로운 운동을 제시한 그의 용기를 칭송하는 글을 쓴다. 알코올 중독 치료의 대표적 사례였던 그가 어떤 길을 거쳐왔는지 스스로 밝히는 건 쉽지 않은 일이었다. 그는 자신에게 효과를 발휘한 방법이 남들에게도 효

> 우리의 인생은 살아 있거나 죽은 동료들의 노고 위에 세워진 것이다. _알베르트 아인슈타인

과가 있으리라 믿었다. 그래서 자신을 본보기 삼아 갱생 방법을 개발했고 지금까지 수백만 명이 그 방법을 따랐다.

내 글에 윌슨은 즉각 다정하게 응답한다. 사람들에게 글을 쓰도록 하는 내 일은 아주 훌륭하다고 말해준다. 마음속으로는 이미 낡은 방식이 아닐까 걱정하겠지만 나와 내 일은 아주 분명한 가치를 지닌다고 격려해준다. 윌슨의 조언을 얻는 일은 퍽 쉬운 편이다.

나는 윌슨이 주는 긍정적 메시지에 감동한다. 마음속으로 그에게 '내가 잘하고 있는지' 물으면 그는 이렇게 답해준다. "줄리아, 지금 잘하고 있어요. 당신의 인내심은 보상받을 거예요. 불안해할 필요 없어요. 제대로 꾸준히 해나가는 중이니까. 실망하거나 걱정하지도 말아요. 내게 영감과 지혜를 요청하면 언제든 답해줄게요. 당신은 한결같이 확고한 글을 쓰게 될 거예요. 조급해하지 말아요. 마음을 열고 인도받은 대로 따라가면 돼요."

다음으로 나는 칼 융을 불러본다. 칼 융은 인간 마음의 움직임을 관찰하고 정의하고 기술한 학자다. 융 이전까지 마음이란 그저 수수께끼일 뿐이었다. 융 덕분에 용어가 정리되었고 이제 우리는 모호한 무언가가 아닌 우리의 '그림자'를 만난다. 마음의 모습을 드러내는 '원형들'이 우리 앞에 있다. 융은 마음에 이름을 붙이고 부르라며 우리의 도전을 격려한다.

그의 연구가 다음 세대로 이어지면서 인간 심리는 더 이상 미지의 영역이 아니게 되었다. 그는 객관적으로 마음을 관찰하고 본 것에 이름을 붙이면서 정신 영역의 지도를 그렸다. 영웅적 행동이다. 동료들의 조롱과 멸시를 감당해야 했지만 그의 용기 덕분에 우리는 마음의 지도를 얻었다. 오늘날에는 조롱이나 멸시를 걱정할 필요 없이 마음을 탐구할 수 있다. 융이 길을 닦아놓은 덕분이다.

융의 응답은 지적이고 격식을 갖추고 있다. 그는 윌슨처럼 내 일을 격려해준다. 나는 융이 보여준 관심에 확신을 얻는다. 그의 연구를 존경하는 만큼 그가 내 작업을 인정해준 사실이 소중하다. 나는 융에게 도움을 청하는 글을 쓰고 이런 응답을 받았다. "캐머런 씨, 지금 잘하고 있어요. 당신은 사람들에게 줄 것이 많네요. 자신을 잘 표현할 능력을 갖추었고요. 지금 당장은 지식을 좀 보강합시다. 고요하고 깊은 삶에 대해 다룰 내용이 많으니까요. 아나이스 닌Anaïs Nin의 책을 읽으면 좋겠습니다. 와닿는 내용이 많을 겁니다."

그가 아나이스 닌을 언급해서 놀라웠다. 융과 닌이 동시대인이라는 건 알고 있지만 그가 닌을 인정하고 있는지는 전혀 몰랐다. 그의 조언에 따라 나는 닌의 책을 주문해서 읽었다.

> 삶은 얼마만큼 용기를 내느냐에 따라 쪼그라들거나 팽창한다.
> _아나이스 닌

닌의 저서를 마지막으로 읽은 지 45년이 흐른 시점이었다.

융과 닌의 연결에 대해 생각하면서 나는 더 많은 것을 느끼기 시작했다. 닌의 일기에는 일상이 상세하게 기술되어 있다. 융도 그의 환자들에게 이를 권했다. 용감한 이들에게는 과감한 자기 표현을 격려했다. 나는 융의 환자가 된 것처럼, 최악의 알코올 중독 환자인 것처럼 생각하기로 한다. 치료를 위해서는 '생생한 영적 경험'이 필요하다. 융은 환자들과 깊이 상호작용했다. 닌의 삶이 보여주는 세세한 일상이 분명 인상적이었을 것이다. 닌의 서술은 융이 원하던 바로 그런 방식이었다.

윌슨과 융은 개인적으로 연락하는 사이였다. 융은 알코올 중독에 영적 치료가 필요하다는 윌슨을 지지했고, 윌슨은 미약한 시작 단계였던 운동에 융이 관심을 보여주어 감동했다. 이후 그가 시작한 익명의 알코올 중독자들 운동은 수백만 명 규모로 성장했다.

윌슨과 융 모두에게 글을 쓰면서 나는 길을 안내받는다고 느꼈다. 두 영웅 모두 내가 제대로 가고 있다고 말해주었고 그 말을 들으면서 기뻤다. 거의 알려지지 않은 사실이지만 윌슨은 영혼의 목소리를 들었다고 한다. 하지만 이를 공개하기는 꺼렸는데, 회원들이 오해에 휩싸일지 모른다는 걱정 때문이었다.

귀 기울여 인생의 방향을 잡아라

최근 운 좋게도 윌슨의 개인 서신 30편가량을 읽을 기회가 생겼다. 그의 글을 통해 영혼의 목소리를 듣는 것이 가능하며 그런 경험이 도움이 된다는 걸 알았다. 처음 그에게 글을 썼을 때 그는 관심사를 공유해주어 기쁘다고 응답했다. 그 말에 힘을 얻어 나는 정기적으로 그와 접촉했다. 그는 나와 대화할 때마다 따뜻하고 활기차게 응해주었다.

영웅에게 글을 쓰면서 우리는 용기를 주고 길을 안내하는 연결

관계를 구축한다. 그리고 우리 개인의 문제에 대해 영웅이 해주는 말을 들으면서 우리의 삶이 정말로 중요하다는 걸 깨닫는다. 우리가 겪는 고민과 갈등이 가장 높은 곳에서도 관심의 대상이 될 수 있다는 걸 확인한다. 그 고민과 갈등 그리고 해결은 절대로 사소하지 않고 중대한 일이다.

처음에는 이게 정말 영웅의 목소리인가 의심하는 생각이 들 수 있지만 일단 답변을 듣게 되면 그가 평소 말해왔던 메시지와 지혜라는 것을 알 수 있다. 그리고 우리가 걸어갈 길,

> 가장 필요한 것은 우리가 원하는 그 모습대로 될 수 있다고 격려해주는 존재다. _랠프 월도 에머슨

지혜로운 길을 안내해준다. 그들의 조언은 더 높은 자아에게 들을 때와 마찬가지로 단순하고 직접적이다. 그 바탕은 사랑이다. 개인적으로 영웅을 만나고 나면 그가 한층 더 영웅적으로 느껴진다. 우리의 멘토가 되어주는 이 영웅의 멘토는 어쩌면 창조주인지도 모른다.

영웅에게 물어보기에 너무 사소한 문제란 없다. 영웅들의 지혜와 인내는 무한한 듯 보인다. '…에 대해 어떻게 해야 할까요?'라고 질문을 던지면 영웅은 그 문제와 우리를 모두 배려해 대답해준다. 처음에는 지혜로운 응답에 깜짝 놀랄 수 있지만 시간이 가면서 그런 응답을 기대하게 된다.

'…이 걱정이에요'라고 쓴다면 "걱정할 이유가 없어요. 훌륭하게

잘하고 있답니다"라는 대답을 얻을 것이다. 영웅의 조언은 현재 상황에 정확히 들어맞는다. 그는 문제에 집중하지 말고 믿음을 가지라고 조언해준다. "우리가 보살펴주니 당신은 안전합니다."라는 격려도 해준다. 그러면 서서히 안정감이 생기기 시작한다. 자신의 영웅에게서 듣는 조언은 충분히 믿을 만하다. "여기 있는 많은 사람이 당신을 염려하고 있어요."라는 말에 안심하게 된다.

질문은 복잡해도 답변은 간단한
경우가 종종 있다. _닥터 수스

이런 이끌림에 힘입어 우리는 믿는 법을 배운다. 영웅들뿐 아니라 다른 사람들도 우리를 찾아오기 시작한다. 우리는 우리의 행복을 걱정하는 자비로운 존재, 즉 더 높은 힘을 느끼기 시작한다. 그 높은 힘에 구하면 다정한 메시지를 들을 수 있다. 높은 힘에 비하면 우리는 참으로 작은 존재다. 어른의 팔에 안긴 아기와도 같다. 처음에는 그런 상황에 거부감이 들 수 있지만 시간이 흐르면서 점점 편안해지고 감사한 마음이 든다. 소중하게 대접받는 상황을 소중히 여기게 된다.

영웅들은 우리를 친절하고 다정하게 바라본다. 우리는 그 연결을 의심할지 몰라도 영웅들은 연결을 의심하지 않는다. 우리가 손을 뻗으면 그쪽에서도 손을 뻗어온다. 질문을 던지면 즉각 배려심 깊은 답변을 해준다.

그리하여 또다시 나는 빌 윌슨에게 목소리를 들려달라고 청한다. 그는 즉각 응답한다. "지금 듣고 있어요. 당신을 축복합니다. 당신과 당신 일을 위한 자리가 마련되어 있으니 걱정하지 말아요. 안정과 행복을 누릴 거예요. 아주 좋은 일들이 마련되어 있어요. 능력이 떨어질 것을 두려워하지 말고 승리를 축하하세요. 당신은 글을 아주 잘 쓸 테니까요."

이어 나는 칼 융에게 말을 건다. 그리고 "캐머런 님, 다시 연결되어 기쁩니다. 지금 당신은 새로운 도전의 입구에 서 있어요. 더 높은 힘에 의지하면 무사히 지나갈 거예요. 내면의 목소리에 자신을 맡기세요."라는 답을 듣는다.

나를 바꾸는 듣기 연습

펜을 들고 자신의 영웅이 누군지 생각한 뒤 그 이름을 써보세요.

_____

_____

당신의 영웅에게 지혜를 구하고 들은 답을 써보세요.

_____

_____

영웅의 목소리가 너무 쉽게 들린다고 놀랄 필요는 없습니다. 지금까지 귀 기울여 들어온 것이 바탕이 된 것이니까요. 당신은 잘하고 있습니다.

내 삶을 풍요롭게 만드는 조언들

일찍, 너무 일찍 깨어난다. 다시 이불 속으로 파고들지만 소용없다. 잠은 이미 지나갔다. 말똥말똥한 상태로 누워서 정원의 새들이 이 나무, 저 나무 옮겨 다니며 지저귀는 소리를 듣는다. 눈은 다 녹았고 날이 따뜻하다. 맑고 푸른 하늘에 흰 구름이 떠간다. 밤사이에 정원의 아이리스가 꽃을 피웠다. 눈처럼 흰 꽃이지만 겨울 아닌 봄의 전령이다. 새들처럼 꽃도 계절의 변화를 알려준다.

이번에는 바람 소리가 들린다. 바람이 거세지고 있다. 일기예보에서는 시속 80킬로미터에 이르는 바람일 거라고 했다. 비행기를 타고 있지 않으니 다행이다. 이 정도 바람은 비행기가 이륙할 수 있는 한계치다. 이곳 샌타페이에서 4월과 5월은 바람의 계절이다. 나는 침실에서 거실로 건너간다. 잣나무가 유리창 밖에서 마구 흔들린다. 미국 중서부에서 토네이도를 보며 어린 시절을 지낸 탓인지 바람 소리가 무섭다. 릴리도 그런지 창밖의 잣나무에 시선을 고정하고 있다.

"괜찮아, 릴리. 여긴 토네이도가 없어."

달래는 소리에 안심이 된 모양인지 릴리가 옆으로 다가와 다리에 코를 비빈다. 거실에 있자니 굴뚝에서 윙윙 바람 소리가 들린다. '여기에도 토네이도가 있긴 하네.' 나는 생각한다. 릴리는 옷장

268

뒤 제일 좋아하는 장소로 들어가 숨는다. 몸을 공처럼 둥글게 말고
바람이 지나가기를 기다릴 작정인 듯
하다. 나도 잠옷 차림으로 안락의자에

상상할 수 있는 모든 것이 현실
이다. _파블로 피카소

몸을 맡긴다. 바람 소리가 얼마나 큰지 불안할 정도다. 그럴 때 늘
하듯이 모닝 페이지를 시작한다. 세 쪽을 꽉 채워 길게 써볼 생각
이다. '바람이 분다. 세게 분다.' 이렇게 시작하려는데 전화기가 울
린다. 애리조나주 세도나에 있는 마고 명상 센터 Mago Retreat Center 에
서 프로그램 책임자로 일하는 친구 제이 스티넷이다.

"잘 지냈어요?"

그는 즐거운 인사를 건네고 바로 본론으로 들어간다. 제이는 나
의 영웅으로 언급했던 빌 윌슨에 관한 책을 쓰고 있다. 그는 매일
아침 4시 반에 일어나 모닝 페이지를 하는데 잠에서 깨면서 그날
쓸 첫 문장이 머리를 맴도는 일도 많다고 한다. 그는 그런 이끌림
을 잘 따른다. 하지만 책 작업은 한 번에 한 쪽씩, 느릿느릿 진행되
는 중이라고 한다. 나 역시 책을 쓰고 있으며 빌 윌슨이 책에 등장
한다고 말해준다.

"'아티스트 웨이, 마음의 소리를 듣는 시간'이라는 제목이에요."

"아, 그렇군요!"

35년 동안 명상을 꾸준히 해온 제이는 듣기의 대가다. 내가 빌
윌슨과 관련된 장 제목을 '마음속 영웅에게 지혜를 구하는 법'이라

고 붙였다고 하니 그가 즐거운 탄성을 뱉는다. 월슨은 내게 그렇듯 제이에게도 영웅이다. 제이는 월슨의 개인 편지 수백 통을 살펴보고 있는데 영적 체험에 관심을 드러내는 부분이 많다고 한다.

"전 그런 경험이 없었어요. 하지만 지금은 즐겁게 참여하고 있답니다."

그는 아내 에델과 뉴욕 심령 센터의 1주 과정 방문 프로그램에 참여했던 경험을 들려준다.

"뉴욕에 남아 있는 옛 숲 중 하나에 자리 잡은 센터예요. 집이 80채 있는데 자격 있는 영매만이 거기 살 수 있죠. 하루 세 차례, 참석자를 위해 영혼과 접촉해요. 저는 아마 거기에

꿈을 실현할 수 있다는 가능성. 그 것이 삶을 흥미진진하게 만든다. _파울로 코엘료

백 번은 갔을 거예요. 메시지는 아주 간단하지만 핵심을 찔러요. 리사 윌리엄스라는 영매는 '익명의 알코올 중독자들'의 두 창립자 빌 월슨과 밥 스미스를 불러냈죠. 밥은 계속 농담을 이어가는 사람이더군요."

나는 제이에게 밥 스미스와 접촉했던 경험을 이야기한다. 그때 밥은 "저는 명성과 달리 편안하고 유쾌한 사람입니다."라고 했다.

"맞아요! 바로 그랬어요."

제이가 맞장구친다. 제이는 영웅에 관한 대화를 즐긴다. 영웅과의 상호작용이 긍정적이었던 덕분이다. 그는 쉽고 믿을 만한 방법

으로 영웅과 접촉했다. 그의 경험으로는 두 세계를 가르는 장막을 쉽게 통과할 수 있었다고 한다. 그와 이야기를 나누고 있자니 내 경험이 한층 가치 있게 느껴진다.

나는 침대로 들어간다. 침실에서는 바람이 덜 시끄럽다. 부족한 잠을 보충할 작정이다. 이불을 쓰고 거의 잠들었을 때 갑자기 릴리가 뛰어올라 파고든다. 나는 릴리를 밀어내지 않고 함께 잠에 빠져든다. 몇 시간 후 깨어나 보니 릴리는 여전히 편안히 자고 있다. 무섭게 불던 바람은 고맙게도 조용해진 상태다.

나를 바꾸는 듣기 연습

아침에 일어나 모닝 페이지를 펼치고 당신의 영웅 중에서 한 사람에게 글을 써보세요.

_____

_____

그가 당신의 글을 읽고 어떤 말을 해주었을까요? 들리는 소리를 써보세요.

_____

_____

_____

모닝 페이지, 아티스트 데이트, 걷기를 지속하고 있나요? 이번 주에는 몇 번 정도 시도했나요?

영웅의 목소리에 귀를 기울인 결과 무엇을 발견했나요?

예상 못 했던 지혜의 원천과 만났나요? 그랬다면 그것은 무엇이었나요?

영웅의 목소리를 듣는 것에 저항을 경험했나요? 그 저항을 이겨낼 수 있었나요?

기억에 남은 듣기 경험을 하나 떠올려보세요. 어떤 깨달음의 순간이 있었나요?

The Listening Path

WEEK 6

고요함에
귀를 기울이는 법

경청 listen 이라는 단어는 침묵 silent 이라는 단어와
똑같은 알파벳으로 쓰인다.

_알프레트 브렌델

이제 의식적 듣기 연습을 하는 마지막 주다. 그동안 우리는 우리 주변 환경과 사람들, 내면의 목소리와 곁에 없는 소중한 사람들과 영웅들의 소리에 귀를 기울였다. 이번 주에는 우리가 볼 수 있고 기억할 수 있는 대상이 아닌 침묵에 귀를 기울이는 연습을 해보자. 여러 방식의 듣기에 익숙해진 상태에 '고요함에 귀 기울이기' 라는 한 가지를 더하는 것이다. 어떻게 주변에 침묵을 만들지, 거기서 어떻게 통찰을 끌어낼지를 배우고 침묵이 우리에게 무엇을 주는지, 소리 없음이 어떻게 단절이 아닌 연결을 만드는지도 다룰 것이다.

고요함 속에서 발견하게 되는 것들

의식적 듣기의 여섯 번째 방법은 어쩌면 방법이 아닌 것처럼 느껴질 수도 있다. 들리는 소리에 귀 기울이는 법을 배우다가 갑자기 침묵의 소리를 들으라니 말이다. 하지만 소리 없음을 듣는 법은 무척 중요하다. 이를 통해 소리 그 자체에 감사할 수 있기 때문이다.

침묵은 익숙해져야 하는 대상이다. 우리는 소리가 있는 삶에 익숙하다. 그러나 '소리 없음의 소리'를 들을 수 있어야 더 높은 지혜와 연결된다. 생각이 마구 달리다가 속도를 줄이고 마침내 조용히 휴식할 때, 그때 우리는 '작은 목소리'를 듣기 시작한다.

침묵은 신의 언어다. 다른 모든 것은 질 낮은 번역일 뿐._루미

침묵 속에서 그 소리는 꽤 커지기도 한다. 몇 분이 고요히 흘러가는 동안 우리는 방향을 잡고 나아갈 길을 알게 된다. 다음 단계가 무엇이어야 하는지 느낀다. 침묵 속에서 우리는 창조주의 목소리를 듣는다. 소리는 점점 더 깊고 풍성해지며 위대한 고요가 어느 순간 우리의 감각을 대신하는 순간이 온다.

처음에는 침묵이 무서울 수 있다. 텅 빈 상태에 동요할 수도 있다. 그러나 익숙해지면 더는 텅 비었다고 생각하지 않게 된다. 빈 것이 아니라 은혜로운 무언가가 우리를 감싸고 있음을 알게 된다. 그 존재에 몸을 맡기면 침묵이 친구가 된다. '없음'이 '있음'을 포

용한다는 걸 깨달으며 소리가 없는 것에 대한 공포가 사라진다.

의식적 듣기는 주의 집중을 요구한다. 이런 집중력을 키우는 데 침묵만한 것도 없다. 무엇이든 들으려고 애쓸 때 우리의 듣기 능력은 올라간다. 가장 작은 소리가 주의를 끈다. 우리는 소리와 소리 사이의 소리인 정적에 귀 기울인다. 매 순간을 들으며 그 지점에 온전히 존재하며 점점 생각의 폭이 넓어진다.

매 순간이 서서히 펼쳐진다. 우리는 속도가 아닌 집중을 선택한다. 서서히 가는 것의 즐거움을 발견한다. 한 번에 하나씩 신체의 리듬을 느

> 우리는 침묵을 실제로 들을 수 있다. _무라카미 하루키

낀다. 평화로움. 지금까지는 제대로 알지 못했던 바로 그것이 느껴진다. 우리는 고요함을 경험하고 그 느낌을 맛본다.

침묵을 들으면서 우리는 작은 목소리를 접한다. 우리는 중재자가 된다. 침묵을 들으면서 우주의 위대한 울림을 듣는다. 아무것도 없는 곳에 가장 위대한 것이 자리 잡는다.

침묵에 귀를 기울이려 하면 신속하게 침묵이 찾아온다. 1~2분 안에 우리는 현재에 서 있게 된다. 시간 감각이 사라진다. 앉아 있는 몇 분이 몇 시간처럼 느껴진다. 또한 몇 시간을 몇 분처럼 느끼며 보낼 수 있다.

10분 동안의 좌선坐禪은 순식간에, 그리고 느리게 진행될 수 있다. 종료를 알리는 종소리가 우리 몸을 통과해 울린다. 부드러운

종소리가 크게 들린다. 침묵에 익숙해진 덕분이다. 다시 세상으로 관심을 돌리면서 우리는 생각이 날카로워졌음을 느낀다. 침묵 속에서 보낸 시간이 가치를 발휘한다. 감각은 더 생생하게 깨어 있고 우리는 세상을 주의 깊게 듣고 있다.

나를 바꾸는 듣기 연습

타이머를 3분으로 맞추세요. 눈을 감고 침묵으로 자신을 채우세요. 어떤 느낌이 드나요? 느껴지는 대로 써보세요.

_____

_____

_____

아주 잠깐의 명상이라도 도움이 됩니다. 다음 한 주 동안 매일 3분씩 시간을 늘려가세요. 그러면 그 주가 끝날 무렵에는 21분이 될 겁니다. 그 시간 동안은 침묵에서 배우는 것입니다.

하루 1분, 소리를 차단하는 연습

"하지만 제 주변에서는 조용한 곳을 도대체 찾을 수가 없어요!"

이렇게 하소연하는 사람들도 많다. 침묵을 찾기가 늘 쉬운 건 아니다. 하지만 내가 만난 수강생 중에는 수영장에서 최고의 침묵과 통찰을 발견했다는 이도 있었다. 물속에 들어가면 세상과 멀리 떨어졌다는 느낌이 들고 청각 환경도 달라져서 자기 자신과 쉽게 만날 수 있었다는 것이다. 도시에 살고 있어 사이렌 소리나 교통 소음, 이웃집

침묵은 기도다. _마더 테레사

소리에서 벗어나기 힘들다면, 집 안이 TV 소리나 아이들 울음과 동물 소리로 가득한 경우라면 다른 방법을 찾아 나서야 한다.

　도시에서 사는 새러는 한낮에 교회를 찾았더니 예상보다 훨씬 고요했다고 한다. "전 신자가 아니에요. 그래도 교회까지 걸어가 몇 분 동안 가만히 앉아 침묵에 귀를 기울이죠. 놀랄 정도로 고요해요. 도시의 거리를 벗어나자마자 평화로운 오아시스가 나타났다고 할까요. 처음에는 뭔가 어색하다는 느낌이었는데 고요함에 나를 맡기고 침묵에 귀를 기울이자 그곳이 커다란 평화와 통찰의 공간이 되었어요."

　도서관의 줄지어 늘어선 책장들을 보며 평온을 느낀다는 사람도 있고, 빈 주차장이나 한적한 뒷길 같은 고요한 곳에 가서 차 안에서 시간을 보내는 사람도 있다. 세 자녀를 키우느라 늘 바쁜 그레타는 집 앞에 차를 세우고 그냥 앉아 있곤 한다고 말한다. "이상하게 들리시겠죠. 그렇지만 제겐 효과가 있어요. 볼일을 보고 돌아와서, 아이들을 학교에 데려다주고 집에 돌아와서 바로 내리지 않

고 1~2분 앉아 있는 거예요. 조용한 공간에 혼자 있을 기회죠. 고요함은 제가 안정감과 침착함을 되찾도록 해준답니다."

찾을 수 있는 가장 조용한 장소에 가만히 앉아 있는 것만으로도 급격한 변화를 경험할 수 있다. 멈춰 서서 침묵에 귀를 기울이면 고요함과 새로운 가능성을 발견한다.

나도 늘 체험하는 일이다. 내 친구 제리는 "전 침묵이 좀 무서워요."라고 말한다. "고요한 상태에서는 제가 너무 약해지는 것 같거든요. 그래서 최대한 침묵을 피하죠. 집에는 늘 TV를 켜두고 차를 타면 라디오를 틀어요. 달릴 때도 음악이나 팟캐스트 방송을 듣죠. 이 모든 기기와 소리에 익숙해서 그저 내 생각만 존재하는 상황은 상상이 안 가요."

나는 그럴 수 있다고 대답하면서도 한번 시도해보라고 격려한다.

"5분 정도의 침묵은 어떨까요? 그것도 어려우면 2분 정도만?"

"한번 시도해보고 다시 말씀드릴게요."

"언제든 다시 전화하세요."

몇 분 후 전화가 울린다. 제리다.

"집 안의 소리를 다 끄고 가만히 앉아 귀를 기울여봤어요. 어색하고 불안하더군요. 하지만 재미있기도 했어요. 오늘 해야 할 일이 무엇인지 떠올랐고 한 주의 업무를 어떻게 진행할지 아이디어도 생기더라고요."

"통찰의 시간이었네요."

"다시 시도해볼 것 같아요."

그가 말한다. 나는 전화를 끊으면서 미소 짓는다.

수강생이나 친구 중에서도 침묵을 꺼리는 사람을 종종 볼 수 있다. 물론 대부분 사람에게 낯선 경험이기는 하다. 조용한 곳에서 조용하게 사는 사람들조차 TV나 라디오 소리, 휴대전화 알림음 등 익숙한 소리로 주변을 채우곤 한다.

하지만 나는 어떻게든 침묵을 만들고

> 모든 악을 바로잡는 두 가지는 시간과 침묵이다. _알렉상드르 뒤마

그 침묵에 귀 기울이는 일의 가치를 계속 확인하고 있다. 안전지대에서 한 걸음 벗어나 가능성의 세계로 들어가는 것이다. 침묵 속에 답이 있다.

나를 바꾸는 듣기 연습

조용한 장소를 찾거나 만들어보세요. 공원도 좋고 도서관도 좋습니다. 집 안에서 전자기기를 다 끄고 있어도 좋아요. 그렇게 침묵을 찾아 빠져들어 보세요. 저항감이 느껴지는지 확인해보세요. 휴대전화 전원을 끄면서 불안했나요? 사람들이 떠드는 소리나 TV 소리가 없으니 어색한 느낌이 드나요? 어떤 느낌이 드는지 써보세요.

_____

_____

자신의 저항감에 저항해보세요. 침묵 속에서 몇 분을 보내고 의식적으로 들어보세요. 불안이 줄어들었나요? 통찰이나 아이디어가 들리나요? 더 높은 힘과 연결되었다는 느낌이 있나요? 시간이 지난 후에 어떤 느낌이 들었는지 써보세요.

익숙하고 시끄러운 세상으로 다시 들어와 보세요. 소리가 더 또렷해졌나요? 소리에 대해 생각이 달라진 것이 있나요? 고요함에서 시끄러움으로 되돌아온 후에도 고요한 느낌이 남아 있나요? 느낌을 적어보세요.

침묵에 귀 기울이기를 습관으로 만들어보세요. 모든 습관이 그렇듯 반복되면 점점 자연스러워질 겁니다.

마음에 평온함을 채운다

샌타페이의 바 앤 그릴에서 스코티와 점심을 먹으려는 중이다. 내 앞에 앉은 스코티는 붉은빛이 도는 멋진 안경을 쓰고 있다. 나는 그녀와 안경 이야기를 하다가 그녀의 추천대로 시내 안경점에 가봐야겠다고 결정한다.

"최신 디자인이 많더라고요. 안경도 패션이잖아요. 전 거의 모든 색깔의 안경을 다 갖춰두고 액세서리로 바꿔 쓴다니까요."

나는 책 집필이 거의 끝나간다고 말한다. 스코티는 기뻐한다. 내 믿음의 거울은 내 작업에 관심이 많다. 나와 내 일을 믿어주는 그녀 같은 존재가 나를 계속 나아가게 한다. 내 책에 대해 궁금한지 스코티가 묻는다.

"어떤 내용으로 끝나게 되죠?"

"침묵에 귀 기울이는 거예요."

스코티가 반갑다는 듯 웃는다.

"그렇군요. 저도 매일 아침저녁으로 조용히 앉아 있는 시간을 보내요. 이미 알겠지만."

내가 안다는 뜻으로 고개를 끄덕인다. 스코티가 말을 잇는다.

"향을 피우고 조용히 앉아 있으면 개들도 똑같이 해주더군요. 학습된 것 같아요."

나는 미소 짓는다. 릴리는 그런 학습이 어려울 것 같다.

"침묵 속에서 전 신의 목소리를 들어요."

스코티의 말에 나는 그녀의 눈을 보며 동의한다.

"그래요. 맞아요."

스코티가 다시 설명한다.

"고요히 앉아 있는 시간에 늘 구하던 지혜를 얻게 되더라고요."

나는 스코티가 혼자가 아니라 믿는다. 나도 혼자가 아니다. 침묵을 훈련하는 이들은 자신보다 더 큰 힘에서 깊은 통찰을 얻는다. 그 큰 힘을 신이라고 부르든 아니든 말이다. 나는 수강생들에게 말하곤 한다. "무어라 부르는지는 상관없어요. 생각보다 훨씬 더 큰 힘이 있다는 것에 대해 열린 마음만 있으면 된답니다." 더 큰 존재를 기꺼이 받아들이겠다는 의지가 있다면 그 존재의 격려와 지혜를 얻을 수 있다.

고요함은 큰 힘의 원천이다. _노자

나는 침묵을 유지하는 의식, 직간접적으로 더 큰 존재에 의지하는 전통에 대해 생각한다. 고통받거나 큰 상실을 경험한 사람에게는 '침묵의 순간'이 필요한 법이다. 수도원에서는 고요한 명상이 신과 연결되는 길로 여겨진다. 죽음을 추모할 때도 우리는 본능적으로 침묵을 지킨다. 직접 도움을 요청할 때도 침묵의 기도를 올리게 된다. 가까이 있는 누군가가 고통을 당하고 있다면 고요히 곁을 지켜주려는 마음이 생긴다.

침묵은 때로 최고의 대답이 된다. _달라이 라마

이 모든 상황에서 우리는 자신을 넘어선 더 큰 무언가의 도움에 마음을 열게 되고 나아가 그 도움을 구하게 된다. 그렇다. 침묵은 강하다. 침묵 속에서 우리는 자비로운 무언가의 목소리를 찾고 들을 수 있다.

열린 마음을 실험해봅시다. 더 높은 힘에 대해 신이라는 표현을 굳이 쓰지 않아도 좋습니다. 나는 가톨릭 신자로 자랐고 성장은 곧 '서서히 무신론자로 변해가는 것'이라는 말을 하곤 했습니다. 어른들이 신의 존재를 믿어야 한다고 이야기할수록 나는 와닿지 않는다고 저항하곤 했죠. "꼭 신이라고 부르지 않아도 돼." 어른들은 말했습니다. 나는 내 나름대로 딜런 토머스의 시에 나온 '초록빛 관을 통과해 꽃을 피우는 힘'이라는 구절을 믿기로 했고 지금도 믿고 있어요. 이것은 창조성의 힘이기도 합니다.

당신도 고요 속에 앉아 마음을 열고 더 높은 힘을 찾아보세요. 조용히 앉아 귀를 기울여도 좋고 마음속으로 질문을 던지거나 고민을 털어놓아도 좋습니다. 마음을 짓누르고 있는 것에서 시작하면 됩니다. 당신을 격려하는 목소리를 들었나요? 평화를 느꼈나요? 안도감과 휴식을 경험했나요? 침묵에 마음을 열고 시도해보세요. 그리고 무엇을 발견했는지 써보세요.

원하지 않는 소리를 걸러내는 법

푹신해 보이는 흰 구름이 산봉우리를 감싸고 있다. 가벼운 바람이 잣나무를 흔든다. 정원을 탐험 중인 릴리는 짖음방지 목걸이를 시험 착용한 상태다. 짖으면 개가 싫어하는 레몬그라스 향이 분사된다. 릴리는 곧 짖기와 불쾌한 냄새의 관계를 깨달을 것이다. 나는 이웃에 전화를 걸어 오늘 밤은 조용히 보낼 수 있을 거라고 말한다.

짖음방지 목걸이 설명서를 해독하고 릴리의 목에 목걸이를 걸어주기 위해 친구 닉 카푸스틴스키가 왔다. 목걸이를 착용하는 내내 릴리는 닉의 무릎 위에 잘 앉아 있다. 그가 계속 다정하게 말을 걸어주는 덕분에 릴리는 무척 만족해하고 있다.

침묵을 듣고 배울 수 있음을 깨닫기 시작했다. 침묵은 그 자체의 특징과 차원을 지닌다. _챔 포톡

"그래, 착하지. 새 목걸이를 하고 있으니 더 예쁘구나. 자, 조금만 더 맞춰볼까. 살짝 더 조여야 할 것 같아. 이제 됐다. 딱 맞아. 정말 착하구나."

닉이 떠난 후에도 그 칭찬이 공기 중에 떠돌고 있다. 릴리가 집 안으로 들어왔을 때 나도 닉 흉내를 내며 릴리에게 말한다.

"착하지, 릴리. 정말 훌륭한 개야."

릴리는 길게 몸을 뻗고 누워 꼬리를 흔든다. 새 목걸이에 잘 적응한 것 같다. 짖지 않는다. 울부짖지도 않는다. 나는 엠마에게 전화를 걸어 닉이 도와준 이야기를 한다.

"아프게 하지는 않고 스프레이만 나온다는 거지?"

엠마가 묻는다.

"그래."

"잘됐네."

엠마는 닉 못지않은 애견인이다.

"스프레이도 마음에 들지는 않겠지만 아픈 건 아니니 괜찮을 거야. 오늘 밤은 조용할 것 같아. 아직까진 그래."

엠마와 통화를 끝내고 나는 다시 릴리를 바라보며 묻는다.

"너도 들었지? 오늘 밤에는 안 짖는 거야."

릴리는 나와 눈을 맞추지 않는다. 새 목걸이 뒤에 숨은 악당이 나라고 생각하는지도 모른다.

소음을 견디고 있지 마라

하루가 지났다. 나와 이웃들은 짖는 소리 없는 밤을 보냈다. 나는 닉에게 전화해 성과를 보고한다. 그는 "릴리는 똑똑해. 짖으면 스프레이가 나온다는 걸 벌써 알았을걸."이라고 말한다. 정말로 릴리는 짖지 않았다. 닉의 말이 맞는 모양이다. 원인과 결과를 파악한 것이다. 짖으면 향이 분사된다는 것을 말이다.

"넌 정말 똑똑하구나."

내가 릴리에게 말한다. 단어를 알아들었는지, 말투 때문인지 릴리는 칭찬에 만족한다는 듯 꼬리로 바닥을 친다. 이어 내 곁으로 다가와 놀자고 장난을 친다.

"넌 정말 똑똑하구나."

내가 다시 말한다. 불현듯 한 가지 아이러니를 깨닫는다. 듣기에 관해 책을 쓰는 주인 옆에서 릴리는 내내 소음으로 이웃들을 괴롭혀왔다. 그래도 이제는 해결책을 찾은 것 같다.

나를 바꾸는 듣기 연습

이제 6주의 과정이 끝났습니다. 주변 환경에 어떤 변화가 생겼나요? 세상과 사람들, 더 높은 힘에 연결되었다는 느낌이 드나요? 당신이 귀를 기울이는 상대가 바뀌었나요? 당신이 더 집중해 귀를 기울일 때 상대도 그렇게 해주었나요? 느낀 것을 써보세요.

이번 주 내가 듣고 느낀 것들

모닝 페이지, 아티스트 데이트, 걷기를 지속하고 있나요? 이번 주에는 몇 번 정도 시도했나요?

침묵에 귀를 기울인 결과 무엇을 발견했나요?

자기 자신과 더 연결되어 있다고 느끼나요?

침묵에 익숙해지고 귀를 기울이는 데 저항을 경험했나요? 그 저항을 이겨낼 수 있었나요?

기억에 남은 듣기 경험을 하나 떠올려보세요. 어떤 깨달음의 순간이 있었나요?

듣기 습관으로 누구나
자기 삶의 아티스트가 된다

다시 봄이 왔다. 과일나무에 새순이 오르고 개나리와 라일락이 향기를 뿜는다. 다시 푸르러진 버드나무 위쪽에서 새들이 신나게 지저귄다. 릴리가 풍경과 소리에 민감하게 반응한다. 겨울의 정적은 지나갔다. 앞으로 이어질 봄, 여름, 가을, 세 계절의 소리가 기대된다. 소리를 듣는 길이 활짝 열렸다.

침묵 속에 감동적인 이야기가 있다. 천 짜기를 멈추고 어떤 무늬가 만들어지는지 지켜보라. _루미

바깥으로 나가면 금방 온갖 감각에 취하게 된다. 새들의 즐거운 노래가 마음을 울린다. 새들에게 '그렇게 오랫동안 어디에 가 있었던 거야?' 마음으로 물으면 '지금은 돌아왔으니 됐지, 뭐'라는 답이 돌아온다.

겨울에는 까마귀 소리 외에는 조용했다. 반면 봄에는 여러 새가 다양한 소리로 함께 노래한다. 나무 꼭대기에서 소나타가 연주된다. 목청껏 부르는 노래가 하루를 연다. 릴리가 다니는 길을 가로질러 딱정벌레 한 마리가 조용히 느릿느릿 지나간다. 소리에 정신이 팔린 개는 딱정벌레에 관심을 보이지 않는다. 릴리가 친구 오티스의 집 쪽으로 다가가 인사를 건넨다. 부드럽게 울부짖는 소리가 봄의 공기 속에 음악처럼 퍼져나간다. 오티스도 응답해 소리를 낸다. 큰 몸집에서 나오는 굵은 저음의 짖음이다.

집으로 돌아온 릴리가 방문 앞에서 맴돈다. 사료를 먹겠다는 뜻이다. 정원에서 놀다 보니 배가 고팠나 보다. 사료를 주고 나는 방으로 돌아온다. 열중해서 먹는 릴리의 목걸이가 밥그릇에 부딪혀 쨍그랑 소리를 낸다. 갑자기 소리가 그친다. 타일 바닥을 분주히 뛰어다니는 발소리가 들린다. 어쩌다 안으로 들어온 노랑나비를 릴리가 뒤쫓는 중이다.

이 모든 소리가 이제 들리는가? 지금까지 나와 함께 주변에 귀를 기울이는 여정을 함께하면서 많은 것을 배웠기를 바란다. 각각의 듣기가 습관으로 자리 잡기를 바란다. 여러 소리를 들으며 주변 세상을 인식하고 사람들과 연결되고 더 높은 자아, 떠나보낸 이들, 영웅들 그리고 침묵까지 필요에 따라 귀 기울일 수 있다면 좋겠다. 잘 듣기 위해 이 책에서 소개한 방법들은 어떤 상황에서든, 어떤 장소에서든 활용할 수 있다. 내 경험으로 단언하건대 깊이 듣는 일은 가치가 있으며 늘 보람을 안겨준다.

정원으로 나가서 신선한 봄 공기를 마신다. 오후의 햇살 아래 키 큰 자작나무 이파리들이 마치 콩알 굴러가는 듯한 소리를 낸다. 귀를 기울여 들으면서 나는 주변 세상과 연결된다. 주변 세상과 연결된 상태로 그렇게 나는 듣는다.

나를 이끌어준 재닛 에이콕에게,

나를 보살펴준 스콧 베르쿠에게,

언제나 충실한 제러드 해킷에게,

예술성 넘치는 엠마 라이블리에게,

늘 한결같은 수전 라이호퍼에게,

항상 신뢰할 수 있는 도미니카 캐머런-스코세이지에게,

커다란 믿음을 보여준 에드 토울에게 감사의 말을 전한다.

The Listening Path